本

輪に編む、平らに編む

~テクニック&小物~

河合真弓

はじめに

輪針は4本（または5本）棒針でぐるぐる輪に編むことや、2本棒針で往復に平らに編むことがひとつの針でできます。両側の針以外はコードになっているため、編み進めた編み地の重みを感じにくく、腕の負担を軽減して編めるのもうれしい利点。目数が変化する帽子やミトン、靴下などは長い輪針を使って「マジックループ」という方法を使えばできます。また編んでいる途中のものを休めておくときは、コードのほうに目を寄せておけば編み目が外れることも防げて安心です。そんな魅力的な輪針を使って、編み物を楽しんでみませんか。

河合真弓

CONTENTS

輪針の形状は大きく分けて
2タイプあります ……4

針の太さ（号数）、
毛糸との関係を知っておきましょう ……4

それぞれの輪針の特徴を知りましょう

1 針とコードをつないで使う輪針

   A・針の長さがロングタイプ（全長12cm）……6
   B・針の長さがスタンダードタイプ（全長9.5cm）……8

2 針とコードがつながっている輪針 ……10

輪針のほかに必要なもの ……11

毛糸についても知っておきましょう
   糸はどこから使う？／糸のラベル ……12
   この本で使用した糸 ……13

寸法図と編み方記号図の見方 ……14

ゲージについて ……15

ニットの基本
   作り目 ……16
   糸の始末の仕方 ……17
   仕上げ方 ……19

テクニック別 輪針の使い方

Technic ❶ 輪針で輪に編む ……20
   ネックウォーマー ……22
Technic ❷ マジックループで輪に編む ……26
   ケーブルの帽子 ……28
   生成りのミトン ……30
   レッグウォーマー ……32
   ゴム編みの帽子 ……34
   赤いミトン ……35
   編み込みのミトン ……36
Technic ❸ 輪針で平らに編む ……48
   三角ショールA、B ……49
   ケーブルのマフラー ……52
   2wayショール ……54
   ストール ……56
   ミニストール ……58
Technic ❹ 輪×平らのミックスで編む ……72
   レース模様の靴下 ……74
   ハンドウォーマー ……76
   段染めの靴下 ……78
   赤い靴下 ……80

棒針編みの基礎 ……93

輪針の形状は大きく分けて 2タイプあります

それぞれの特徴を見て、自分に合うタイプを使いましょう。

協力／チューリップ株式会社

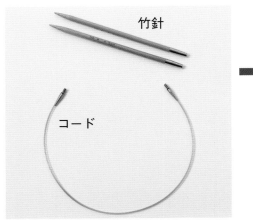

竹針

コード

竹輪針

1 針とコードをつないで使う輪針

針の長さは2種類あり、どちらも使い方は同じです。
p.6でAロングタイプ（全長12cm）、
p.8でBスタンダードタイプ（全長9.5cm）の説明をしています。

2 針とコードがつながっている輪針

針は号数によって竹製とメタル製があり、p.10で説明しています。

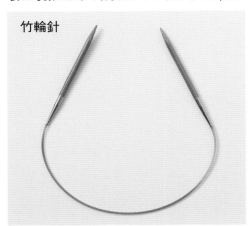

竹輪針

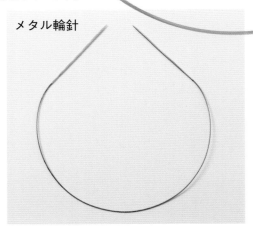

メタル輪針

針の太さ（号数）、毛糸との関係を知っておきましょう

糸の太さにどの針を使うか、一般的な太さの表現に使われる中細、並太などがどの針に適するのかを表にしました。
モヘア、ループなどは糸の風合いによって適応する針が異なる場合もあります。

メタル輪針　※サイズ（針の軸の太さ）が多少異なるため、号数は参考になります。

針先（実物大）	号数	サイズ（針の軸の太さ）	毛糸（1本どり）と針の関係		
	0号※	2.00mm	極細		
	1号※	2.50mm		合細	
	2号※	2.75mm			中細

竹輪針 ※針の種類によって、取り扱いのない号数があります。

針先（実物大）	号数	サイズ（針の軸の太さ）	毛糸（1本どり）と針の関係						
	0号	2.10mm	極細						
	1号	2.40mm	極細	合細					
	2号	2.70mm	極細	合細					
	3号	3.00mm	極細	合細	中細				
	4号	3.30mm		合細	中細	合太			
	5号	3.60mm			中細	合太			
	6号	3.90mm				合太	並太		
	7号	4.20mm					並太		
	8号	4.50mm					並太	極太	
	9号	4.80mm					並太	極太	
	10号	5.10mm					並太	極太	
	11号	5.40mm						極太	
	12号	5.70mm						極太	
	13号	6.00mm						極太	
	15号	6.60mm							超極太
	7mm	7.00mm							超極太
	8mm	8.00mm							超極太
	9mm	9.00mm							超極太

それぞれの輪針の特徴を知りましょう

1 針とコードをつないで使う輪針　0号～3号

A・針の長さがロングタイプ（全長12cm）

商品名は「キャリーシー ロング　切り替え式竹輪針」。
竹針とコードをねじでつないで使います。
コードの種類（長さ）は0号～3号と
4号～9mmで異なります。

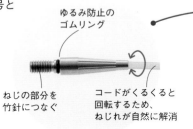

ゆるみ防止の
ゴムリング

ねじの部分を
竹針につなぐ

コードがくるくると
回転するため、
ねじれが自然に解消

竹針
＋
コード

50cm用
60cm用
80cm用
100cm用

4号～ 9mm

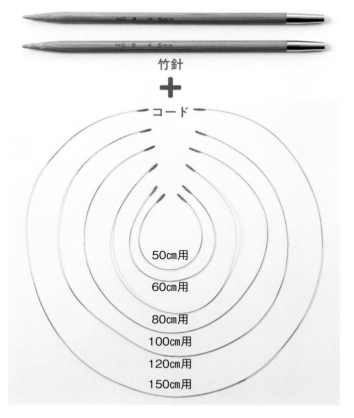

竹針
＋
コード

50cm用
60cm用
80cm用
100cm用
120cm用
150cm用

長さについて

コードの「cm用」は、そのコードをつないだときの輪針全体の長さを指します。

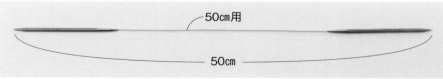

50cm用

50cm

針とコードのつなぎ方

竹針の針先と反対側（凹部分）にコードのねじを差し込み、回転させてつなぎます。

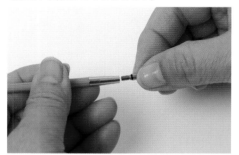

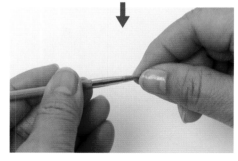

～コードにつなぐ輪針の便利アイテム～

ストッパー

編んでいる途中で目を休める
とき、コードにつけます。

アダプター

2本のコードをつないで長い
ものを編むことができ、つな
いだ部分は段差もないので
スムーズに目を送れます。

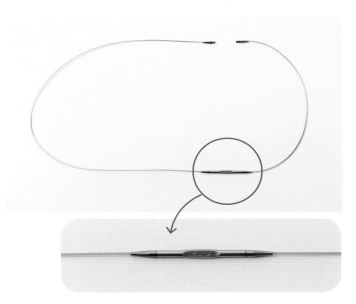

Aでおすすめの針のセット

0号～3号のセット

4種類の竹針と、ケース中央のポーチに
1 コード(60cm用、80cm用)、
2 ストッパー、
3 カッター付きあみ針ゲージ
　(使い方はp.11参照)、
4 毛糸用とじ針が入っています。

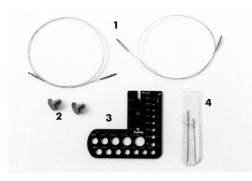

4号～15号のセット

11種類の竹針と、ケース中央のポーチに
1 コード(50cm用、60cm用、80cm用)、
2 ストッパー、
3 アダプター、
4 カッター付きあみ針ゲージ
　(使い方はp.11参照)、
5 毛糸用とじ針が入っています。

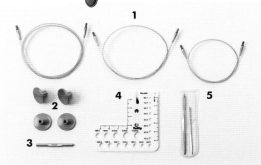

B・針の長さがスタンダードタイプ（全長9.5cm）

商品名は「キャリーシー　切り替え式竹輪針」。
p.6と同様に竹針とコードをねじでつないで使います。
コードの種類（長さ）は0号〜3号、4号〜9mmとも同じですが、
コードはそれぞれに専用のものがあります。

コードの特徴は「A・針
の長さがロングタイプ」
と同じ。針とコードの
つなぎ方も同様です。

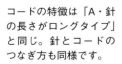

0号〜3号

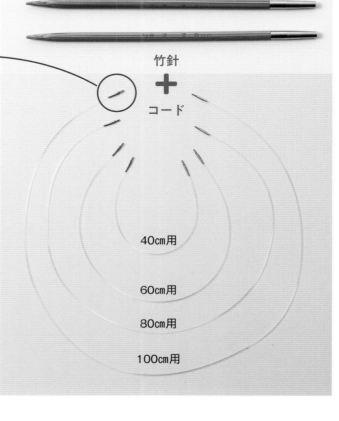

竹針
＋
コード

40cm用

60cm用

80cm用

100cm用

4号〜9mm

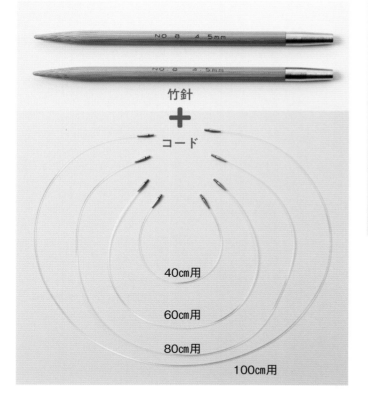

竹針
＋
コード

40cm用

60cm用

80cm用

100cm用

長さについて

「A・針の長さがロングタイプ」と同様に、コードの「cm用」は、そのコードをつないだときの
輪針全体の長さを指します。

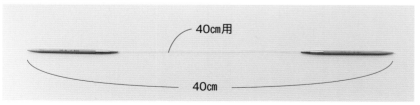

40cm用

40cm

~便利なアイテム~

コードにつなぐ輪針の便利アイテムは、
「A・針の長さがロングタイプ」と同様です。

ストッパー

アダプター

針の長さがAとBの2種類あるけど、どっちで編んだらいい？

実物大

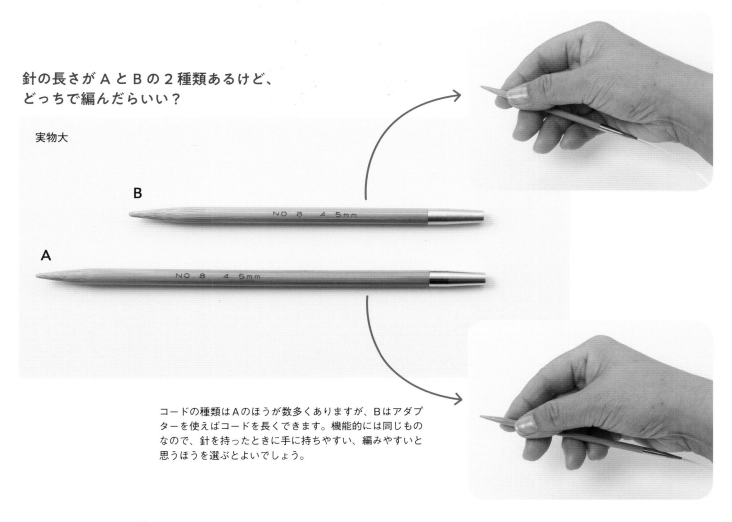

B　NO 8 4.5mm

A　NO 8 4.5mm

コードの種類はAのほうが数多くありますが、Bはアダプターを使えばコードを長くできます。機能的には同じものなので、針を持ったときに手に持ちやすい、編みやすいと思うほうを選ぶとよいでしょう。

Bでおすすめの針のセット

0号〜3号のセット

4種類の竹針と、ケース中央のポーチに
1 コード（40㎝用、80㎝用）、
2 ストッパー、
3 カッター付きあみ針ゲージ
　（使い方はp.11参照）、
4 毛糸用とじ針が入っています。

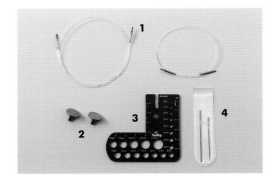

4号〜15号のセット

11種類の竹針と、ケース中央のポーチに
1 コード（40㎝用、60㎝用、80㎝用）、
2 ストッパー、
3 アダプター、
4 カッター付きあみ針ゲージ
　（使い方はp.11参照）、
5 毛糸用とじ針が入っています。

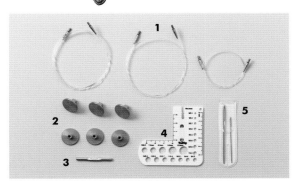

② 針とコードがつながっている輪針

2.00mm～2.75mm（参考号数0号～2号）はメタル輪針の「ニーナ メタル ニッティング ニードルズ」、3号～13号は竹輪針の「ニーナ スイベル ニッティング ニードルズ」。このタイプに15号～9.00mmの針はありません。それぞれひとつの号数に40cm、60cm、80cm、100cmの輪針があり、竹輪針は長さでパッケージの色をかえています。

2.00mm～2.75mm（参考号数0号～2号）
メタル輪針
真ちゅうメッキを施しているので糸のすべりがよく、コードは回転しませんが、ねじれにくい輪針です。

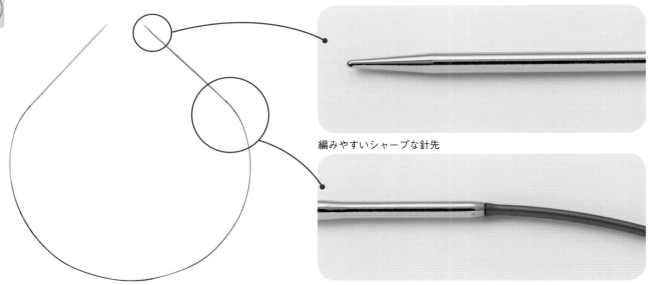

編みやすいシャープな針先

引っかかりのないつなぎ目で、スムーズな編み心地

40cm　60cm　80cm　100cm

3号～13号
竹輪針
メタル輪針と違うところはコードがくるくる回転すること。編んでいてねじれることもありません。

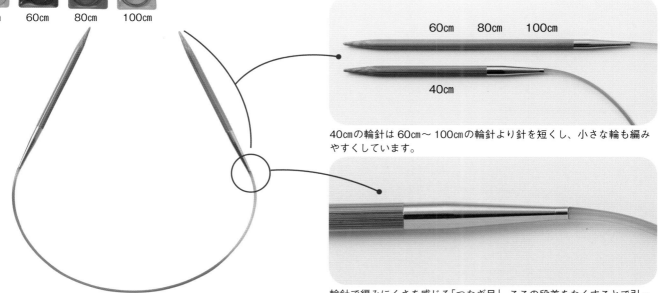

60cm　80cm　100cm

40cm

40cmの輪針は60cm～100cmの輪針より針を短くし、小さな輪も編みやすくしています。

輪針で編みにくさを感じる「つなぎ目」。ここの段差をなくすことで引っかかりもなく、スムーズに目を送れます。

輪針のほかに必要なもの

編む作品によってそろえましょう。このほかに、ゲージや作品の長さを測る定規やメジャーが必要です。

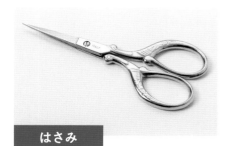

はさみ

糸を切るときに。手芸用にひとつ持っていたい道具。

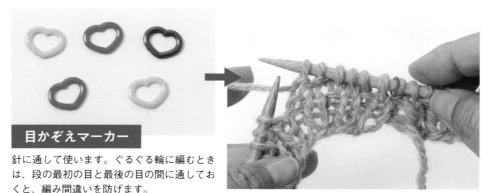

目かぞえマーカー

針に通して使います。ぐるぐる輪に編むときは、段の最初の目と最後の目の間に通しておくと、編み間違いを防げます。

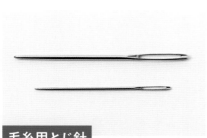

毛糸用とじ針

編み物の「とじ」や「はぎ」、糸の始末に使います。糸割れしにくい丸い針先が特徴で、針穴の大きさも何種類かあり、糸の太さに合わせて使う針を選びます。

段かぞえマーカー

10段ごとや20段ごとなど、編み地につけて段を数えやすくします。

カッター付きあみ針ゲージ

竹の輪針は使っていくうちに号数の文字が薄くなり、どの号数かわからなくなることがあります。そんなとき、ゲージの穴に針を入れてどの号数かを調べます（使用例1）。
上部にはカッターがついていて、糸を切りたいときに（使用例2）。ちょっとした長さを測れる定規の目盛りつき。

使用例1

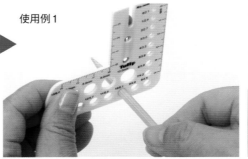

使用例2

こんなセットもある！

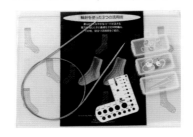

靴下を編める2.50mm（参考号数1号）のメタル輪針、目かぞえマーカー、段かぞえマーカー、毛糸用とじ針、カッター付きあみ針ゲージをポーチに入れた「ソックニッティングセット」。毛糸や編み図を一緒に入れて、完成するまでまとめて保管できます。

毛糸についても知っておきましょう

ストレート、モヘア、ループなどさまざまな形状がありますが、編み物に慣れていない方には適度に
太いストレート糸がおすすめ。編み目も見やすく、細い糸に比べて目数や段数も少なくできます。

協力／ハマナカ株式会社

糸はどこから使う？

糸端は中心部分と外側にあります。外側から使うと糸玉がコ
ロコロ転がってしまうので、中心部分に指を入れて糸端を出し
ます。見つからないときは中心の固まりを少し出し、その中か
ら糸端を見つけましょう。

糸のラベル

糸玉にはラベルがついていて、その糸に関する情報が
明記されています。でき上がった作品の洗濯方法も入っている
ので、編み終えても1枚は保管しておきましょう。

【色番号とロット】

「ロット」は染色したときの釜の番号です。
色番号が同じでも、ロットが違うと色が微
妙に違うことがあるので、ひとつの作品は
同じロットで編むようにしましょう。

【1玉の重さと糸の長さ】

【糸の素材】

【参考使用針】

この糸に適した針で、標準ゲージはこの
中の針を使って編んでいます。この糸は
棒針のみですが、棒針、かぎ針のどちら
にも使える毛糸の場合は、両方の号数を
表記しています。

ソノモノシリーズは、
染料を一切使用せず、
天然ソノモノの
色と質をいかした
エコロジー素材です。
カラードウールを
100%使用。

〈日本製〉
Made in Japan

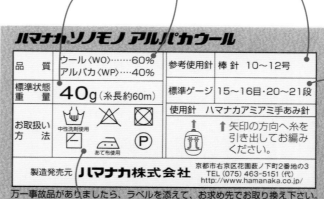

ハマナカソノモノ アルパカウール

品 質	ウール〈WO〉……60% アルパカ〈WP〉…40%	参考使用針	棒 針 10〜12号
標準状態 重量	40g（糸長約60m）	標準ゲージ	15〜16目・20〜21段
お取扱い 方 法		使用針	ハマナカアミアミ手あみ針

↑矢印の方向へ糸を
引き出してお編み
ください。

製造発売元 ハマナカ株式会社　京都市右京区花園薮ノ下町2番地の3
TEL (075) 463-5151 (代)
http://www.hamanaka.co.jp/

万一事故品がありましたら、ラベルを添えて、お求め先にてお取り換え下さい。

【洗濯方法】

【標準ゲージ】

「参考使用針で編んだ作品の
基準になる編み目の大きさ」
で、メリヤス編み（かぎ針
の場合は長編み）10cm角の
中に、何目何段あるかを表
示しています（ゲージにつ
いてはp.15を参照）。

この本で使用した糸

※ハマナカ(株)の糸で写真は実物大。

スリープライ

25g玉巻(糸長約210m)
アクリル65%×ウール(メリノウール)35%

アメリー

40g玉巻(糸長約110m)
ウール(ニュージーランドメリノ)70%×
アクリル30%

コロポックル

25g玉巻(糸長約92m)
ウール40%×
アクリル30%×ナイロン30%

コロポックル
《マルチカラー》

25g玉巻(糸長約92m)
ウール40%×アクリル30%×
ナイロン30%

ソノモノ ツィード

40g玉巻(糸長約110m)
ウール53%×アルパカ40%×
その他(キャメル及びヤク使用)7%

ソノモノ
アルパカウール
《並太》

40g玉巻(糸長約92m)
ウール60%×アルパカ40%

ソノモノ
アルパカリリー

40g玉巻(糸長約120m)
ウール80%×アルパカ20%

ソノモノ
アルパカウール

40g玉巻(糸長約60m)
ウール60%×アルパカ40%

寸法図と編み方記号図の見方

作品の編み方は、サイズや目数、段数などが書いてある「寸法図」と、
編み方を編み目記号で表した「編み方記号図」でできていて、
編み方記号図は表から見た状態です。作品によって描き方は
さまざまありますが、基本的なことは同じです。

寸法図

●輪に編む（立体）

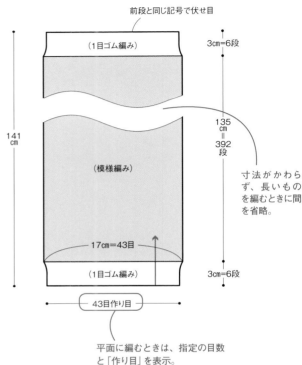

編み終わりをどのように完成させるかを表示。

前段と同じ記号で伏せ目

（1目ゴム編み）

2cm=4段

立体のものを半分の形にしているので、両側に「わ」を表示。ぐるっと1周編むということ。

（模様編み）

22cm

わ　わ

18cm=44段

編む方向。これは「下から上に向かって編む」ということ。

54cm=108目

（1目ゴム編み）

2cm=4段

編む段の数のこと。

108目作り目して輪にする

編み方の種類で、ここは「1目ゴム編み」を編む。

模様を編むための土台として「作り目」をする。この本では一般的な作り目（p.16）を指し、指定の数を作る。さらに「輪にする」の表示で輪に編むことを示す。

●平らに編む（平面）

※輪に編む（立体）と重複する説明は除く

前段と同じ記号で伏せ目

（1目ゴム編み）

3cm=6段

141cm

135cm=392段

（模様編み）

寸法がかわらず、長いものを編むときに間を省略。

17cm=43目

（1目ゴム編み）

3cm=6段

43目作り目

平面に編むときは、指定の目数と「作り目」を表示。

編み方記号図

●輪に編む（立体）

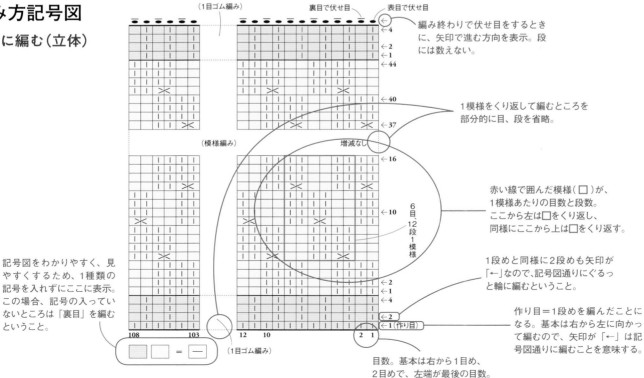

（1目ゴム編み）　裏目で伏せ目　表目で伏せ目

←4

←2
←1
←44

←40

←37

編み終わりで伏せ目をするときに、矢印で進む方向を表示。段には数えない。

1模様をくり返して編むところを部分的に目、段を省略。

（模様編み）

増減なし

←16

←10

6目12段1模様

赤い線で囲んだ模様（□）が、1模様あたりの目数と段数。ここから左は□をくり返し、同様にここから上は□をくり返す。

←2
←1
←4

←2
←1（作り目）

1段めと同様に2段めも矢印が「←」なので、記号図通りにぐるっと輪に編むということ。

作り目＝1段めを編んだことになる。基本は右から左に向かって編むので、矢印が「←」は記号図通りに編むことを意味する。

記号図をわかりやすく、見やすくするため、1種類の記号を入れずにここに表示。この場合、記号の入っていないところは「裏目」を編むということ。

108　103

12　10

2　1

（1目ゴム編み）

目数。基本は右から1目め、2目めで、左端が最後の目数。

●平らに編む（平面）

※輪に編む（立体）と重複する説明は除く

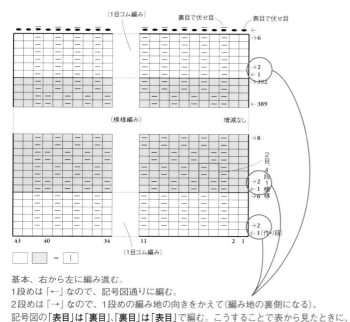

基本、右から左に編み進む。
1段めは「←」なので、記号図通りに編む。
2段めは「→」なので、1段めの編み地の向きをかえて（編み地の裏側になる）、
記号図の「表目」は「裏目」、「裏目」は「表目」で編む。こうすることで表から見たときに、
記号図通りの模様が編める。

ゴム編みのゲージはどのように測ったらいい？

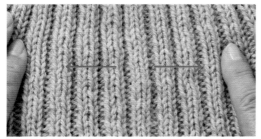

伸縮する編み地は少し横に広げてゲージを測ります。この本ではゴム編みで帽子や靴下を編んでいますが、頭まわりや履き口まわりの寸法は、実際にかぶったり、履いたりしたときにゲージよりもさらに広がり、ちょうどフィットするくらいに加減させたサイズで作っています。

ゲージについて

10cm四方の中の編み目のことで、15cm四方ぐらいの編み地を作り、中央で目数と段数を数えます。編み方ページに記載した同じ糸、同じ号数で編んでも、編む人の手加減によって大きさがかわることがあります。特に帽子や靴下などはゲージが違うと大きすぎたり小さすぎたりするので、実際の作品を編む前にゲージを確認してから始めるようにしましょう。

目数を数える

段数を数える

目数、段数が少ないとき

➡ 編み目がゆるいので、針の号数を1号（かなりゆるいときは2号）細くしてもう一度編み、ゲージを測り直します。

目数、段数が多いとき

➡ 編み目がきついので、針の号数を1号（かなりきついときは2号）太くしてもう一度編み、ゲージを測り直します。

ニットの基本

輪針の基本的なこと（作り目や編み目記号など）は、棒針編みと同じです。まずはその基本を覚えましょう。

作り目

この本で紹介している作品は、すべて指でかけて作る「一般的な作り目」で作っています。p.93に針2本を使う方法をイラストで解説していますが、編む人の手加減によって作り目がゆるかったりきつかったりするので、「針1本で作る」や「実際に編む号数より1〜2号太い針で作る」で作り目をしても構いません。自分に合ったタイプで作ってください。この作り目は1段めになり、記号図は表目になります。

〈1〉針2本で作り目をする

p.93のイラスト図と同じタイプ。針2本で作っているので、少しふんわりした作り目になります。

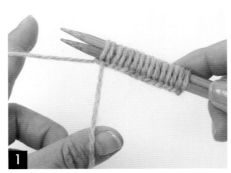

p.93のイラスト図を参照し、針2本で一般的な作り目をする。

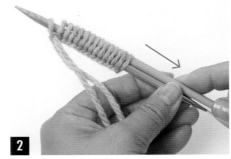

指定の目数を作ったら、片方の針を抜く。

毎段、編み地の向きをかえて往復に数段編んだところ。

針2本で作り目をしたら、1目めが大きくなった！

作り目の1目めだけ大きくなることはよくあることです。気になるときは1目めだけ針1本に作り、2目め以降は針2本に作り目をすると、2段め以降を編んだときに程よい大きさになります。

〈2〉針1本で作り目をする

2段め以降の編み目より少し縮んででき上がりますが、完成してから仕上げのスチームアイロンで幅を整えます。

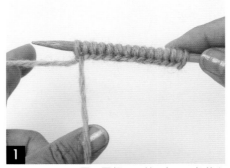

p.93のイラスト図の要領で、針1本で一般的な作り目をする。

毎段、編み地の向きをかえて往復に数段編んだところ。

〈3〉実際に編む号数より1～2号太い針1本で作り目をする

いろいろな号数の針を持っている場合、例えば6号で編むときに7号または8号の針1本で作り目をします。
「針2本で作り目」と「針1本で作り目」の中間ぐらいの作り目ができ、2段めを編むときも針を入れやすい作り目です。

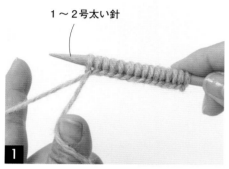

1～2号太い針

1 実際に編む号数より1～2号太い針1本で作り目をする。

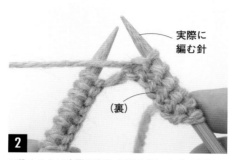

実際に編む針

（裏）

2 2段めからは実際に編む号数の針にかえて編む。

3 毎段、編み地の向きをかえて往復に数段編んだところ。

糸の始末の仕方

輪に編んだものは、最初と最後の目をつなぐようにチェーンつなぎをしてから始末します。
平らに編んだものは、表に糸端が出ないように始末します。

●輪に編んだときの編み終わり

1 糸端を約10㎝残してカットし、糸端を引き出してとじ針に通す。

2 1目めの頭（伏せ目）に手前から針を入れ、糸を通す。

3 最後の目の中に針を入れ（チェーンつなぎ）、そのまま編み地の裏側に糸を出す。

4 通した糸が見えなくなるように糸端を引く。

5 1目めと最後の目がつながった。

（裏）

6 編み地の裏側で表に出ないように編み目にくぐらせ、余分はカットする。

●輪に編んだときの編み始め

1 糸端をとじ針に通し、作り目の1目めの根元の結び目の糸1本に針を入れる。

2 そのまま糸を通す。

3 作り目の最後の目の根元の糸2本に、向こう側から針を入れる。

4 **1**と同じところにもう一度針を入れる。

5 通した糸が見えなくなるように糸端を引く。

6 編み地の裏側で表に出ないように編み目にくぐらせ、余分はカットする。

●平らに編んだものの編み始めと編み終わり

1 糸端をとじ針に通す。

2 編み地の裏側で表に出ないように編み目にくぐらせ、余分はカットする。

仕上げ方

編み上げて糸の始末ができたら、最後にアイロンで仕上げます。一般的には〈1〉の方法で仕上げますが、周囲がジグザグやスカラップなど、その形をしっかり整えたいときは〈2〉または〈3〉の方法で仕上げます。

〈1〉アイロンのスチームで仕上げる

1 アイロン、アイロン台を用意する。

2 輪に編んだものはアイロン台にそのまま置き、手で形を整え、アイロンを少し浮かせて全体にスチームをかけ、乾くまでそのまま放置する。

(裏)

3 平らに編んだものは編み地の裏側を上にして置き、定規などで寸法を測りながら形を整え、**2**と同様にする。

〈2〉まち針を使って仕上げる

※平らに編んだもので解説しています。編んだものがアイロン台からはみ出して一度に仕上げができないときは、何回か編み地をずらして**2**〜**3**をくり返します。

1 アイロン、アイロン台のほかに、まち針を用意する。まち針の頭部は熱に強いガラス製がよい。

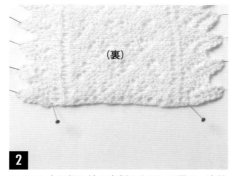

(裏)

2 アイロン台に編み地の裏側を上にして置き、定規で寸法を測りながら周囲にまち針を打ち（ジグザグの部分は先端に）、形を整える。

3 アイロンを少し浮かせて全体にスチームをかけ、乾くまでそのまま放置する。

〈3〉ワイヤーを使って仕上げる

※平らに編んだもので解説しています。編んだものがアイロン台からはみ出して一度に仕上げができないときは、何回か編み地をずらして**2**〜**3**をくり返します。

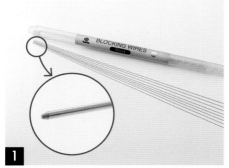

1 アイロン、アイロン台のほかに、編み物専用のブロッキングワイヤー（先端は編み地に通しやすい先細り）を用意する。

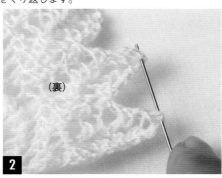

(裏)

2 アイロン台に編み地の裏側を上にして置き、編み地の端の目（ジグザグの先端部分）にワイヤーを通す。

3 寸法を測りながら形を整え、アイロンを少し浮かせて全体にスチームをかけ、乾くまでそのまま放置する。

ここからは輪針の使い方をテクニック別に解説しながら作品も紹介します。

Technic ❶ 輪針で輪に編む

目の増減がなく筒状にまっすぐ編む編み方です。一般的な作り目は針2本で作っていますが、
p.16 〜 17のように針1本や太い針1本でも構いません。編み地はp.22のネックウォーマーで解説しています。

(模様編み)

←2
←1
←4
←2
←1

10　　　　　　2 1

(1目ゴム編み)　　(作り目)

=

作り目〜1目ゴム編み

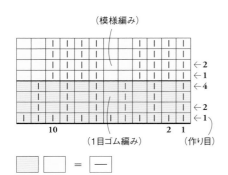

1 輪針の両側の針を一緒に持ち、一般的な作り目で108目を作り目する。目数が多いときはコードから外れないように注意する。

108目

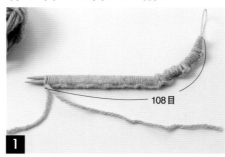

2 片方の針を持ち、コードをゆっくり引いてもう片方の針を抜く。

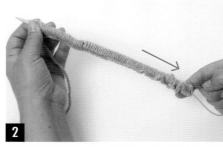

3 作り目ができ、1段めが編めた。

108目め　　　1目め

4 作り目の1目め側を左手、108目め側を右手に持ち、左の指に編む糸をかける。このとき、作り目がねじれていないか確認する。

1目め　108目め

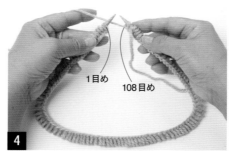

5 2段め。1目めに右針を入れ、表目を編む。

すき間を作らない(★)

6 表目が編めたら糸は引き気味にし、1目めと108目めの間にすき間ができない(横に渡る糸を見せない)ようにする。

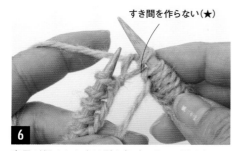

7 2目めは裏目を編む。

8 輪にしたばかりの編み目は糸がゆるみやすいので、**6**と同様に糸は引き気味にする。

9
同様に表目1目、裏目1目をくり返す。

10
2段めが編めた。

11
続けて3段めを編む。

12
右針に編んだ目がたまってきたら、針にかかっている目を右方向に動かす。

13
左針の目と目の間にすき間ができると編みにくくなるので、針先のほうに目を動かす。

14
左針の針先を指で押さえておくと、目が外れることもなく安心。

15
同様にして4段めまで1目ゴム編みを編む。

模様編み

目かぞえマーカー

1
1段め。最初と最後の目の間に、目かぞえマーカーを通す（こうすることで段の境目がわかりやすく、模様の編み間違いを防げる）。

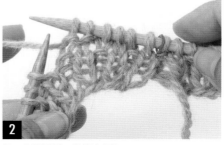

2
編み方記号図の模様を編む。

3
目かぞえマーカーの手前まで編めたので、1段めが編めた。

4
目かぞえマーカーを左針から右針に移し、2段めを編む。

5
同様に模様の続きを編む。

neck warmer

ネックウォーマー

表目、裏目、1目×1目の交差でぐるぐる輪に編みます。
もっと長く編んでクシュクシュッとさせたり、半分に折って二重にしてもいいでしょう。

使用糸／ハマナカ ソノモノ アルパカウール
編み方／p.24

ネックウォーマー → p.22

サイズ…周囲54cm　丈22cm
糸…ハマナカ ソノモノ アルパカウール　淡茶(42)100g
針…長さ50cmの輪針10号
ゲージ…模様編み　20目×24段=10cm角

編み方　糸は1本どり。毎段、編み地の表側を見て輪に編みます。
1.　p.20「Technic❶ 輪針で輪に編む」を参照し、一般的な作り目で108目を作って輪にし、1目ゴム編みと模様編みで編み方記号図とp.25の編み方ポイントのように増減なく編み、編み終わりは前段と同じ記号で伏せ目にします。
2.　糸の始末(p.17～18)をし、仕上げ(p.19)ます。

【寸法図】

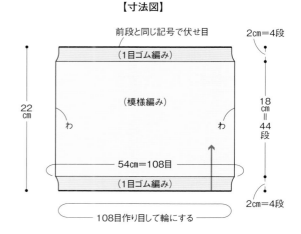

【編み方記号図】

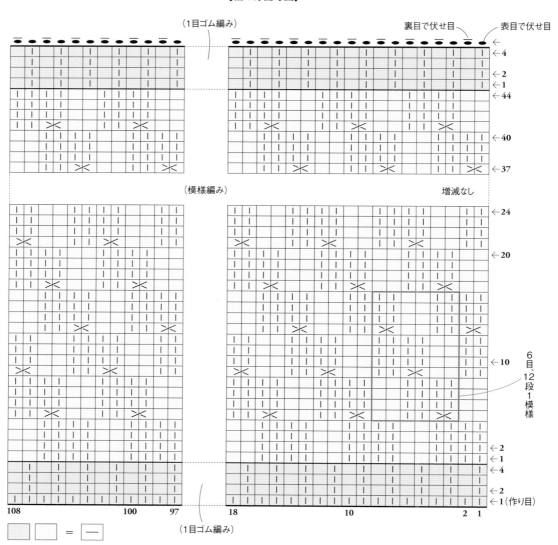

1目×1目の左上交差の編み方（模様編み）

なわ編み針や別針を使わずに交差を編む編み方です。

1 1目めの手前で、2目めに矢印のように針を入れる。

2 針に糸をかけて引き出す。

3 2目めに表目が編めた。

4 3の後ろで1目めに針を入れ、表目を編む。

5 表目が編めた。左針から1目めを外す。

6 左針から2目めを外す。1目×1目の左上交差が編めた。

7 目数の少ない交差なので、少し編み進めると交差はよく見える。

8 ネックウォーマーはこの交差を編むことで動きのある模様になる。

Technic ❷ マジックループで輪に編む

80cm以上の長い輪針を使って小さな輪を編む編み方です。この方法を覚えると1本の針で大きな輪から小さな輪まで編め、
編む大きさに合わせて針を用意することもありません。編み地はp.34のゴム編みの帽子で解説しています。

（2目ゴム編み）

←6

←2
←1（作り目）

2　1

▢ = ─

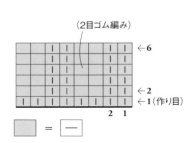

1　長さ80cm以上（写真は80cm）の輪針を使い、p.20-**1**と同様に一般的な作り目で132目を作り目する。

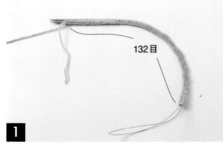

2　p.20-**2**と同様に片方の針を抜く。作り目ができ、1段めが編めた。

3　2段めを編む準備をする。作り目を半分ずつに分け、コードを引き出す。

4　コードを引いて作り目をそれぞれ針のほうに動かす。

5　作り目がねじれていないか確認し、外表の状態で2本の針を持って132目め側の針を引き出す。

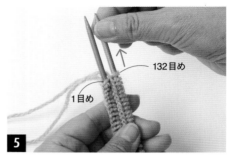

6　針を引き出し、コードが少し見えた状態。針を抜いたほうの作り目は、動かないようにしっかり押さえる。

7　さらにコードを引き出し、コードは半分の作り目の両側にある状態にする。編む準備ができた。

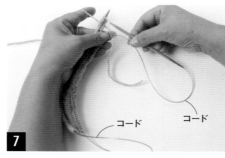

8　2段め。引き出した針を1目めに入れ、表目を編む。

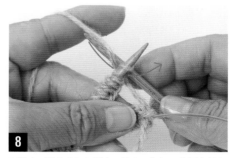

9　糸は引き気味にし、1目めと132目めの間にすき間ができない（横に渡る糸を見せない）ようにする。

10　2目めを「表目」、3目めと4目めを「裏目」で編む。

11　同様に「表目2目、裏目2目」をくり返す（編み終えたとき、右側にはコードがある状態に）。2段めが半分編めた。

26

12 ⑪の状態でコードを引き、残り半分(132目め側)の作り目を針のほうに動かす。

13 残り半分が針にかかった。

14 ⑧～⑪で編んだ針を引き出す。

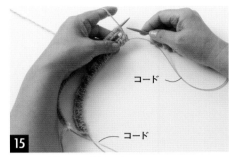

15 コードは⑦と同じ状態にする。

コード
コード

16 引き出した針で残り半分を編む(最初の目はゆるまないように糸を引き気味にする)。

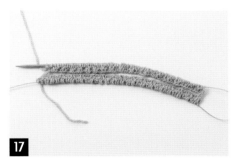

17 2段めが編めた。

18 3段め以降は⑧～⑯の要領で、1段を半分ずつ編み進める。途中、10段ごとや20段ごとに段かぞえマーカーをつけておくと、どの段を編んでいるかがわかりやすい。

19 編み方記号図を参照し、指定の編み方で編み上げる。

編み方ポイント

編み終わりの糸の通し方 帽子のトップやミトンの指先など、編み終わりの目に糸を通して絞るときの方法です。

1 糸端をとじ針に通し、針にかかっている目に通しながら針を外し、1周する。

2 2周めはとじ針の向きをかえ、針穴のほうから目に通す。こうすることで1周めの糸を割って通すのが防げる。

3 1周めの糸を引き、次に2周めの糸を引いて絞る(糸端は裏側に通して始末する)。

Knit cap

ケーブルの帽子

秋冬で定番のニット帽を、人気のケーブルで作りました。
ケーブルのボリュームに合わせて折り返しのゴム編みも長めに。

使用糸／ハマナカ ソノモノ アルパカリリー
編み方／ p.38

Mittens
生成りのミトン

あたたかみのある生成りはどの服にも合わせやすく、おすすめです。
甲側にはたっぷりと模様を入れ、手のひら側は表目と裏目でシンプルに。

使用糸／ハマナカ　アメリー
編み方／p.40

Leg warmers

レッグウォーマー

筒状に編むだけで足を冷えから守るアイテムができます。
同じものを2つ作りますが、ゲージがかわらないように注意して。

使用糸／ハマナカ ソノモノ アルパカリリー
編み方／ p.42

Knit cap

ゴム編みの帽子

適度に伸縮するゴム編みは、少し広げてかぶるぐらいがちょうどいいサイズです。
ストレート糸は編み目がよく見えるので、編み目をそろえて編んでください。

使用糸／ハマナカ ソノモノ アルパカウール《並太》
編み方／ p.43

Mittens
赤いミトン

右上交差と左上交差の組み合わせで、複雑なケーブルが作れます。
交差の向きを間違えないように、ときどき全体を見渡して編み進めましょう。

使用糸／ハマナカ アメリー
編み方／p.44

Mittens
編み込みのミトン

幾何学模様はカジュアルにもトラッドにも使えます。
白×赤、白×黒など編み込む2色は服に合わせやすい配色にしても。

使用糸／ハマナカ アメリー
編み方／p.46

ケーブルの帽子 → p.28

サイズ…頭まわり52cm　深さ24cm
糸…ハマナカ ソノモノ アルパカリリー
　　　淡茶(112)80g
針…長さ80cm以上の輪針7号、8号
ゲージ…模様編み　24.5目×30段＝10cm角

編み方

糸は1本どり。毎段、編み地の表側を見てマジックループで輪に編みます。

1. p.26「Technic❷マジックループで輪に編む」を参照し、一般的な作り目で128目を作って輪にし、2目ゴム編みと模様編みでp.39の編み方記号図のように目を減らしながら編みます。

2. 残った16目はp.27の編み方ポイントを参照し、糸を2周通して絞ります。

3. 糸の始末(p.18)をして仕上げ(p.19)、2目ゴム編みを折り山から外側に折ります。

【寸法図】

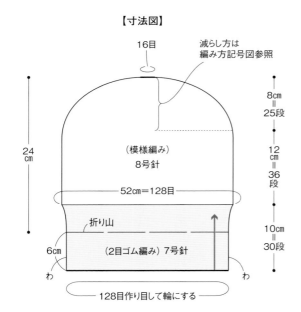

16目

減らし方は
編み方記号図参照

（模様編み）
8号針

52cm＝128目

折り山

6cm

わ

（2目ゴム編み）7号針

わ

128目作り目して輪にする

24
cm

8cm
＝
25段

12
cm
＝
36
段

10cm
＝
30段

【仕上げ方】

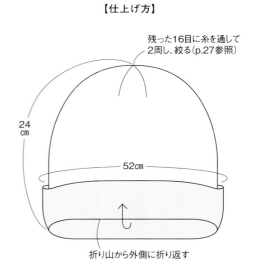

残った16目に糸を通して
2周し、絞る(p.27参照)

24
cm

52cm

折り山から外側に折り返す

【編み方記号図】

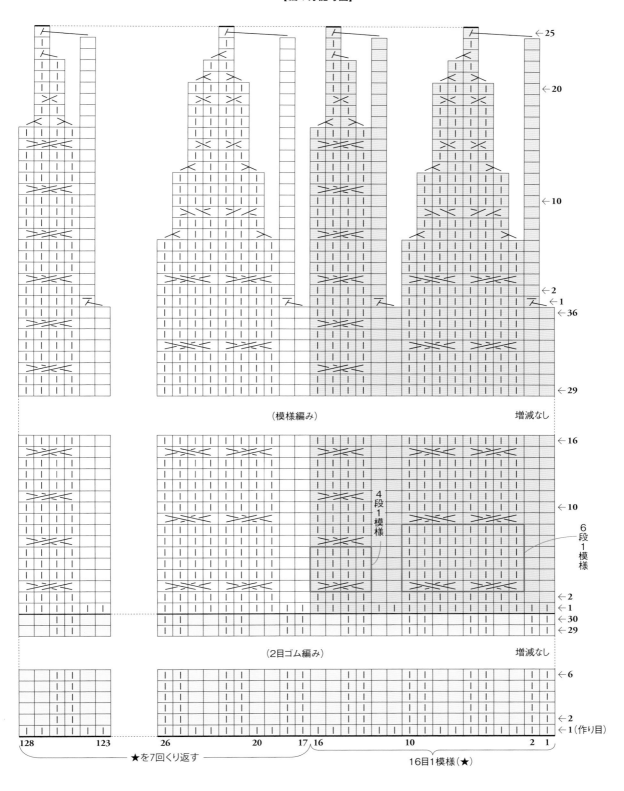

←25

←20

←10

←2
←1

(模様編み)　　　　　　　　　　　　　　　　　増減なし

←36

←29

←16

4
段
1
模
様

6
段
1
模
様

←10

←2
←1
←30
←29

(2目ゴム編み)　　　　　　　　　　　　　　　　増減なし

←6

←2
←1(作り目)

128　　　　123　　　26　　　　20　　17　16　　　　10　　　　2　1

★を7回くり返す　　　　　　　　16目1模様(★)

□ ▨ □ = ─

39

生成りのミトン　→p.30

サイズ…手のひらまわり20cm　丈25.5cm
糸…ハマナカ アメリー　ナチュラルホワイト(20)55g
針…長さ80cm以上の輪針3号、5号
ゲージ…模様編みA　21目×26段＝10cm角
　　　　　模様編みB　25目×26段＝10cm角

編み方　糸は1本どり。毎段、編み地の表側を見てマジックループで輪に編みます。
1.　右手を編みます。p.26「Technic ❷マジックループで輪に編む」を参照し、一般的な作り目で46目を作って輪にし、p.41の編み方記号図のように1目ゴム編みを編みます。
2.　続けて手のひら側を模様編みA、甲側を模様編みBで編みます。目数は半分ずつではなく、手のひら側(21目)と甲側(25目)に分けてマジックループで編み、親指穴には別糸を編み込みます(p.95参照)。
3.　指先は目を減らしながら編み、残った2目に糸を2周通して絞ります。
4.　親指は別糸をほどいて15目を拾い目して輪にし(p.95参照)、メリヤス編みで編み、残った8目に糸を2周通して絞ります。
5.　左手は右手と同様に編みますが、親指穴は対称の位置に作ります。
6.　糸の始末(p.18)をし、仕上げ(p.19)します。

【寸法図】

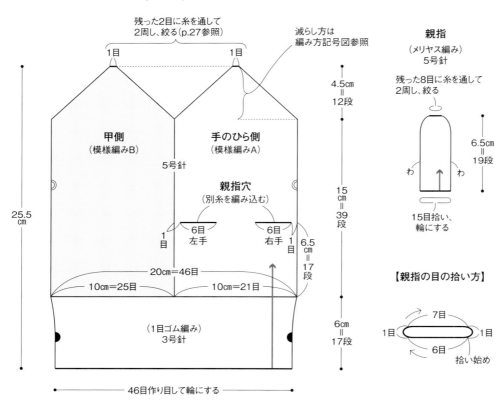

【親指の編み方記号図】

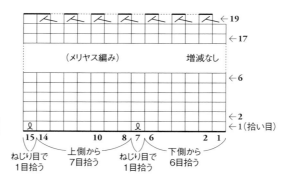

【手のひら側と甲側の編み方記号図】

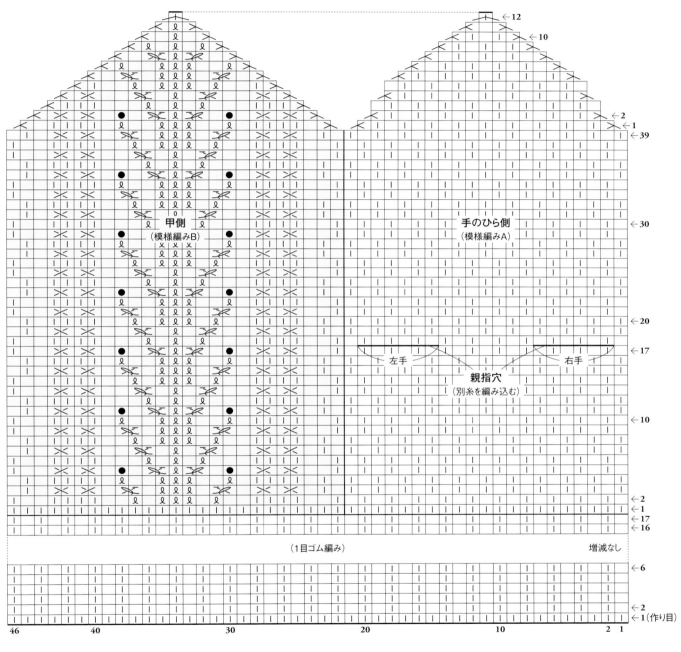

甲側
(模様編みB)

手のひら側
(模様編みA)

左手　　　右手

親指穴
(別糸を編み込む)

(1目ゴム編み)　　　　　　　　　　　　　　　　増減なし

←12
←10
←2
←1
←39
←30
←20
←17
←10
←2
←1
←17
←16
←6
←2
←1(作り目)

46　　40　　　　30　　　　20　　　10　　2 1

※1目から5目編み出し、この部分だけで往復に3段編む。
1段めはp.94の編み出し増し目の要領で表目、かけ目をくり返し、
1目から5目編み出す。
2段め(裏側)は裏目、3段め(表側)で中上5目一度で1目にする。
中上5目一度はp.94の中上3目一度の要領で3目を右針に移し、
残りの2目を左上2目一度に編み、移した3目をかぶせる

= —

● =

←3
→2
←1
5

レッグウォーマー → p.32

サイズ…周囲30cm　長さ46cm

糸…ハマナカ ソノモノ アルパカリリー
　　　こげ茶(113)145g

針…長さ80cm以上の輪針7号、8号

ゲージ…模様編み　24目×29段=10cm角

編み方　糸は1本どり。毎段、編み地の表側を見てマジックループで輪に編みます。

1.　p.26「Technic ❷マジックループで輪に編む」を参照し、一般的な作り目で64目を作って輪にし、編み方記号図のように1目ゴム編みを編みます。

2.　続けて模様編みは1段で72目に増し、2段めからは増減なく編みます。

3.　続けて1目ゴム編みは1段で64目に減らし、2段めからは増減なく編み、編み終わりは前段と同じ記号で伏せ目にします。

4.　同じものを2枚編みます。

5.　糸の始末(p.17～18)をし、仕上げ(p.19)ます。

【編み方記号図】

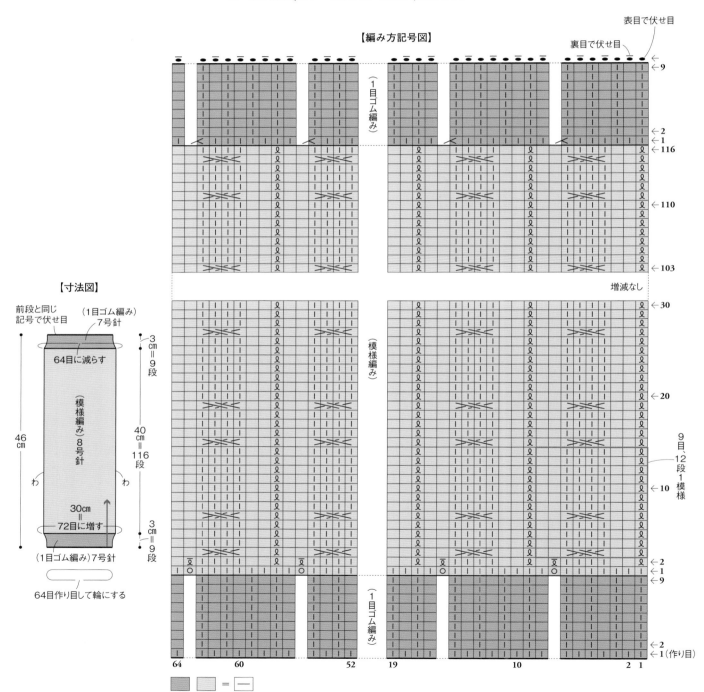

【寸法図】

前段と同じ記号で伏せ目

(1目ゴム編み)7号針

64目に減らす

(模様編み)8号針

わ　わ

46cm

3cm=9段

40cm=116段

3cm=9段

30cm=72目に増す

(1目ゴム編み)7号針

64目作り目して輪にする

表目で伏せ目
裏目で伏せ目

(1目ゴム編み)

←9

←2
←1
←116

←110

←103

増減なし

←30

(模様編み)

←20

9目、12段1模様

←10

←2
←1
←9

(1目ゴム編み)

←2
←1(作り目)

64　60　52　19　10　2　1

= ─

42

ゴム編みの帽子 →p.34

サイズ…頭まわり44cm　深さ25cm
糸…ハマナカ ソノモノ アルパカウール《並太》
　　　グレー（64）70g
針…長さ80cm以上の輪針6号
ゲージ…2目ゴム編み　30目×27段＝10cm角
※伸縮する編み地のため、頭まわりは通常より小さなサイズに。
ゲージのとり方はp.15を参照。

編み方　糸は1本どり。毎段、編み地の表側を見てマジックルー
プで輪に編みます。
1. p.26「Technic❷マジックループで輪に編む」を参照し、一般
的な作り目で132目を作って輪にし、2目ゴム編みで編み方記号
図のように目を減らしながら編み、残った11目に糸を2周通して
絞ります。
2. 糸の始末（p.18）をし、仕上げ（p.19）ます。

【寸法図】

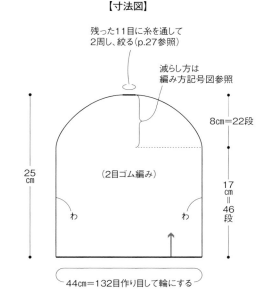

残った11目に糸を通して
2周し、絞る（p.27参照）

減らし方は
編み方記号図参照

8cm＝22段

25cm

（2目ゴム編み）

17cm＝46段

わ　　　　わ

44cm＝132目作り目して輪にする

【編み方記号図】

同じ段の最後の1目と左上2目一度を編む

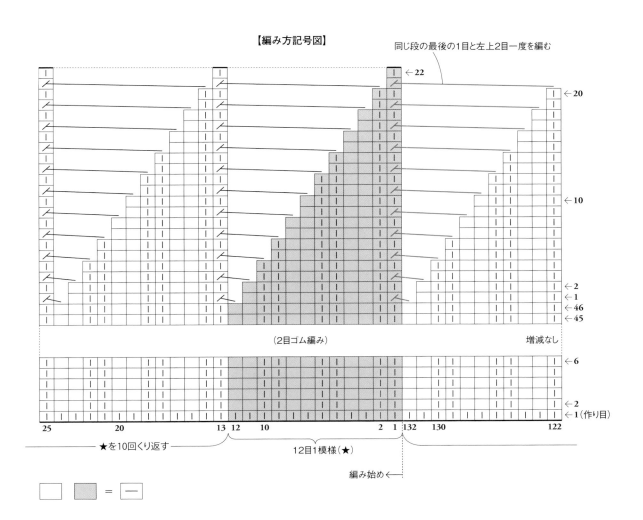

←22
←20
←10
←2
←1
←46
←45

（2目ゴム編み）　　　　増減なし

←6
←2
←1（作り目）

25　　　20　　　13　12　　10　　　　　2　1　132　130　　　　　122

←★を10回くり返す　　　12目1模様（★）

編み始め

□ ▨ = │

赤いミトン → p.35

サイズ…手のひらまわり20cm　丈26cm
糸…ハマナカ アメリー　クリムゾンレッド(5)55g
針…長さ80cm以上の輪針3号、5号
ゲージ…メリヤス編み　24目×28.5段＝10cm角
　　　　模様編み　28目×28.5段＝10cm角

編み方　糸は1本どり。毎段、編み地の表側を見てマジックループで輪に編みます。

1. 右手を編みます。p.26「Technic ❷マジックループで輪に編む」を参照し、一般的な作り目で52目を作って輪にし、p.45の編み方記号図のように2目ゴム編みを編みます。

2. 続けて手のひら側をメリヤス編み、甲側を模様編みで編みます。目数は半分ずつではなく、手のひら側(24目)と甲側(28目)に分けてマジックループで編み、親指穴には別糸を編み込みます(p.95参照)。

3. 指先は目を減らしながら編み、残った2目に糸を2周通して絞ります。

4. 親指は別糸をほどいて15目を拾い目して輪にし(p.95参照)、メリヤス編みで編み、残った8目に糸を2周通して絞ります。

5. 左手は右手と同様に編みますが、親指穴は対称の位置に作ります。

6. 糸の始末(p.18)をし、仕上げ(p.19)ます。

【寸法図】

残った2目に糸を通して
2周し、絞る(p.27参照)

減らし方は
編み方記号図参照

1目　　1目

甲側
(模様編み)

手のひら側
(メリヤス編み)

5号針

親指穴
(別糸を編み込む)

1目　6目
左手

6目　1目
右手

26cm

20cm＝52目

10cm＝28目　10cm＝24目

(2目ゴム編み)
3号針

52目作り目して輪にする

5cm
＝
14段

15cm
＝
42段

6.5cm
＝
19段

6cm
＝
17段

合印。
続けて輪に編む

【親指の編み方記号図】

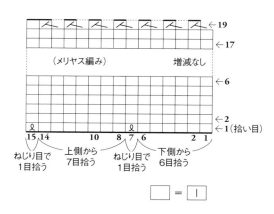

←19
←17
(メリヤス編み)　　増減なし
←6
←2
←1(拾い目)

15　14　　10　8　7　6　　2　1

ねじり目で
1目拾う

上側から
7目拾う

ねじり目で
1目拾う

下側から
6目拾う

□ ＝ │

【親指の目の拾い方】

7目
1目　　　　　1目
6目
拾い始め

親指
(メリヤス編み)
5号針

残った8目に糸を通して
2周し、絞る

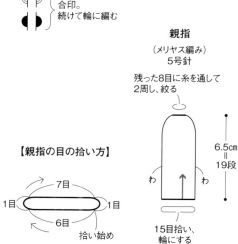

わ　　わ

6.5cm
＝
19段

15目拾い、
輪にする

【手のひら側と甲側の編み方記号図】

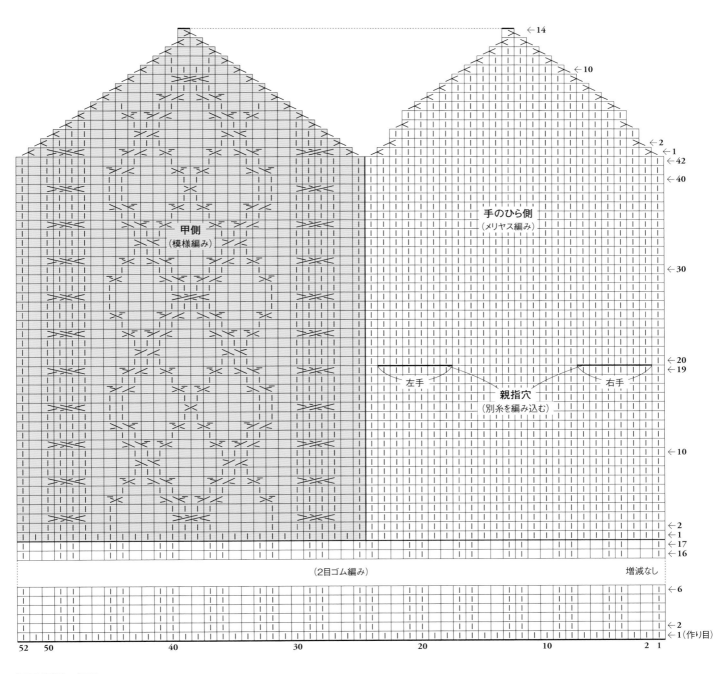

甲側
（模様編み）

手のひら側
（メリヤス編み）

←14
←10
←2
←1
←42
←40
←30
←20
←19
←10
←2
←1
←17
←16

親指穴
（別糸を編み込む）

左手　　　　右手

（2目ゴム編み）　　　　　　　　　　　増減なし

←6
←2
←1（作り目）

52 50　　　　　40　　　　　30　　　　　20　　　　　10　　　2 1

□ ▨ = ─

編み込みのミトン　→p.36

サイズ…手のひらまわり20cm　丈25.5cm
糸…ハマナカ アメリー　ダークネイビー(53)、
　　　ナチュラルホワイト(20)各35g
針…長さ80cm以上の輪針3号、5号
ゲージ…メリヤス編みの編み込み模様B
　　　　24目×24.5段＝10cm角

編み方　糸は1本どり。毎段、編み地の表側を見てマジックループで輪に編みます。

1.　右手を編みます。p.26「Technic ❷ マジックループで輪に編む」を参照し、一般的な作り目で48目を作って輪にし、p.47の編み方記号図のようにガーター編みのしま模様、メリヤス編みの編み込み模様Aを編みます。

2.　続けて手のひら側と甲側をメリヤス編みの編み込み模様Bで編みますが、親指穴には別糸を編み込みます(p.95参照)。

3.　指先は目を減らしながら編み、残った4目に糸を2周通して絞ります。

4.　親指は別糸をほどいて17目を拾い目して輪にし(p.95参照)、メリヤス編みで編み、残った9目に糸を2周通して絞ります。

5.　左手は右手と同様に編みますが、親指穴は対称の位置に作ります。

6.　糸の始末(p.18)をし、仕上げ(p.19)ます。

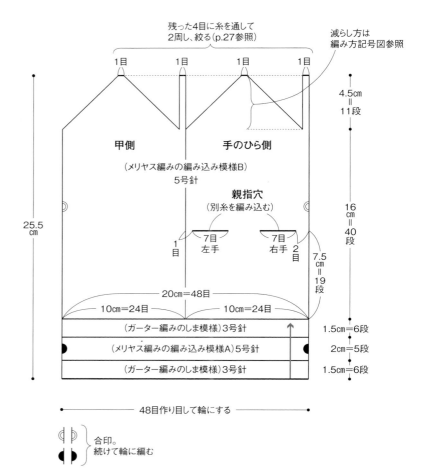

【寸法図】

残った4目に糸を通して2周し、絞る(p.27参照)

減らし方は編み方記号図参照

1目　1目　1目　1目

4.5cm＝11段

甲側　手のひら側

(メリヤス編みの編み込み模様B)
5号針

親指穴
(別糸を編み込む)

1目　7目 左手　7目 右手　2目

16cm＝40段

25.5cm

7.5cm＝19段

20cm＝48目

10cm＝24目　10cm＝24目

(ガーター編みのしま模様)3号針　1.5cm＝6段

(メリヤス編みの編み込み模様A)5号針　2cm＝5段

(ガーター編みのしま模様)3号針　1.5cm＝6段

—48目作り目して輪にする—

合印。
続けて輪に編む

【親指の編み方記号図】

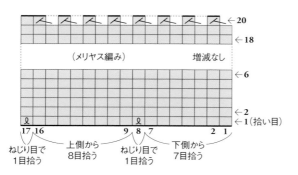

←20

←18

(メリヤス編み)　　　　　増減なし

←6

←2

←1(拾い目)

17 16　　　9 8 7　　　　2 1

ねじり目で1目拾う　上側から8目拾う　ねじり目で1目拾う　下側から7目拾う

☐ ＝ |

親指
(メリヤス編み)
5号針
ダークネイビー

残った9目に糸を通して2周し、絞る

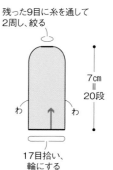

7cm＝20段

わ　　わ

17目拾い、輪にする

【親指の目の拾い方】

8目
1目　　1目
7目
拾い始め

【手のひら側と甲側の編み方記号図】

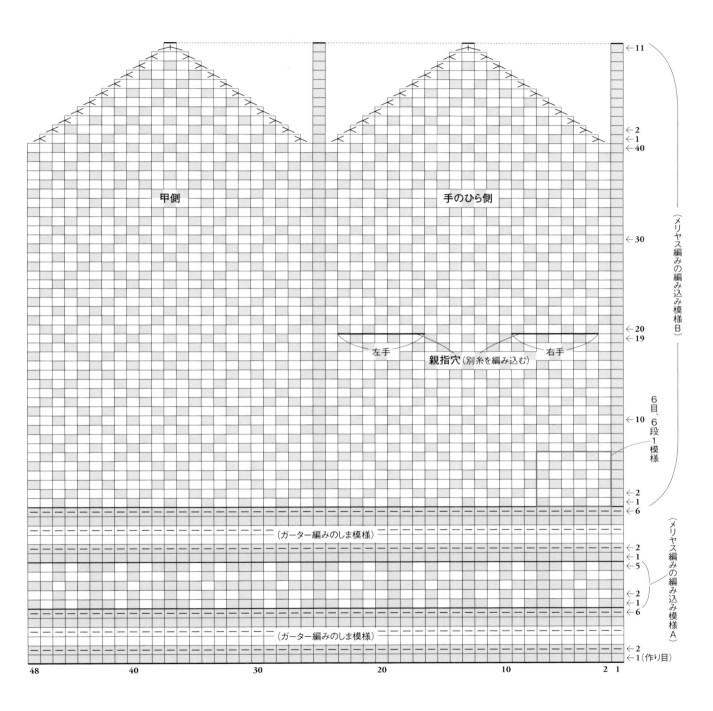

甲側　　　　　　　　　　　　　　手のひら側

←11
←2
←1
←40

←30

←20
←19

左手　　　　親指穴(別糸を編み込む)　　　右手

←10

←2
←1
←6

(ガーター編みのしま模様)

←2
←1
←5

←2
←1
←6

(ガーター編みのしま模様)

←2
←1(作り目)

48　　　40　　　30　　　20　　　10　　　2 1

(メリヤス編みの編み込み模様B)

6目、6段1模様

(メリヤス編みの編み込み模様A)

= I

配色表

	ダークネイビー
	ナチュラルホワイト

Technic ❸ 輪針で平らに編む

「2本棒針で平らに編む」が輪針でもできます。目を休めておくときもコードのほうに寄せておけば、目が外れる心配もありません。
編み地はp.52のケーブルのマフラーで解説しています。

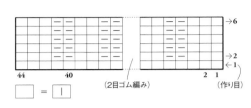

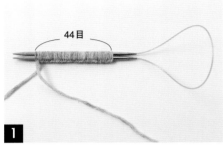

p.20-**1**と同様に一般的な作り目で44目を作り目する。

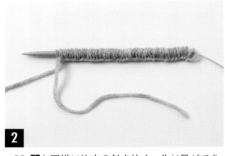

p.20-**2**と同様に片方の針を抜く。作り目ができ、1段め（編み地の表側）が編めた。

2段め（編み地の裏側）。針の向きをかえ、**2**で抜いた針で編む。

編み地の裏側で編むので、記号図の表目は裏目に、裏目は表目で編む。まず、裏目を3目編む。

次に表目を2目編む。

次からは「裏目2目、表目2目」をくり返し、段の終わりは裏目を3目編む。

3段め（編み地の表側）。針の向きをかえる。

表目3目を編んだら、「裏目2目、表目2目」をくり返す。

段の終わりは表目を3目編む。

毎段、針の向きをかえて往復に編むので、編み地は平らにできる。

4段め以降は2段め、3段めをくり返し、全部で6段編む。

Triangular shawl

三角ショール

A、B のショールは同じ目数、段数で糸をかえて編んでいます。身につけた感じは p.50、51 に。

使用糸／ A ハマナカ ソノモノ ツィード
　　　　 B ハマナカ ソノモノ アルパカウール
編み方／ p.59

Aはツィード糸で編みました。
肩にさっとかけるくらいの大きさ。

Ｂは少し太いストレート糸で。
背中もしっかりあたためてくれます。

Knit muffler

ケーブルのマフラー

幅 1/3 くらいに入れた太いケーブルは、巻くとえりもとのアクセントに。
リリアン状の糸でふんわり軽い仕上がりです。

使用糸／ハマナカ ソノモノ アルパカリリー
編み方／ p.62

2way shawl
2way ショール

長方形のショールにボタンをつけて、マーガレットとしても使えるデザイン。
ボタン穴は作らず、模様の目と目の間を利用します。

使用糸／ハマナカ ソノモノ アルパカウール《並太》
編み方／ p.64

stole

ストール

細い糸、細い針で編む繊細な作品です。じっくり時間をかけて、編むことを楽しみながら作ってください。

使用糸／ハマナカ スリープライ
編み方／ p.66

mini stole

ミニストール

p.56 と同様に細い糸、細い針で編みました。
端のジグザグは目数を増したり、伏せ目で作りますが、仕上げのアイロンも大事です。

使用糸／ハマナカ　スリープライ
編み方／ p.68

三角ショール A、B　→ p.49

A

サイズ…幅126cm　丈41cm

糸…ハマナカ ソノモノ ツィード　こげ茶(73)135g

針…長さ100cm以上の輪針5号

ゲージ…模様編み　17目×33段＝10cm角

B

サイズ…幅152cm　丈50cm

糸…ハマナカ ソノモノ アルパカウール　グレー系(48)300g

針…長さ120cm以上の輪針10号

ゲージ…模様編み　15目×27段＝10cm角

編み方(A、B共通)

糸は1本どり。毎段、編み地の向きをかえて往復に編みます。

1.　p.48「Technic ❸ 輪針で平らに編む」、p.70「編み方ポイント」
を参照し、一般的な作り目で3目を作り、p.60の編み方記号図の
ようにガーター編みを6段編みます。

2.　模様編みを編みます。p.60〜61の編み方記号図のようにガー
ター編みの三辺から9目を拾い、目を増しながら121段を編み、
編み終わりは裏側から表目で伏せ目にします。

3.　糸の始末(p.18)をし、仕上げ(p.19)ます。

【寸法図】

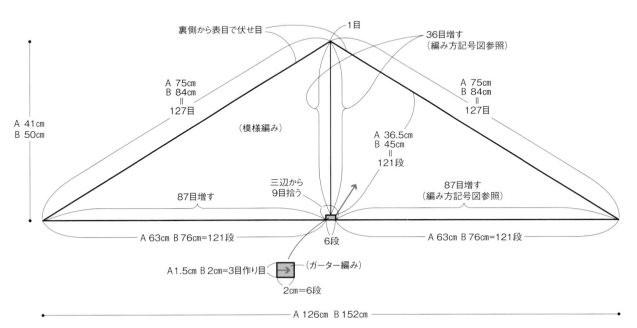

裏側から表目で伏せ目　　1目　　36目増す
（編み方記号図参照）

A 75cm
B 84cm
＝
127目

A 75cm
B 84cm
＝
127目

A 41cm
B 50cm

（模様編み）

A 36.5cm
B 45cm
＝
121段

87目増す

三辺から
9目拾う

87目増す
（編み方記号図参照）

A 63cm B 76cm＝121段　　6段　　A 63cm B 76cm＝121段

A1.5cm B 2cm＝3目作り目　（ガーター編み）

2cm＝6段

A 126cm B 152cm

【編み方記号図】

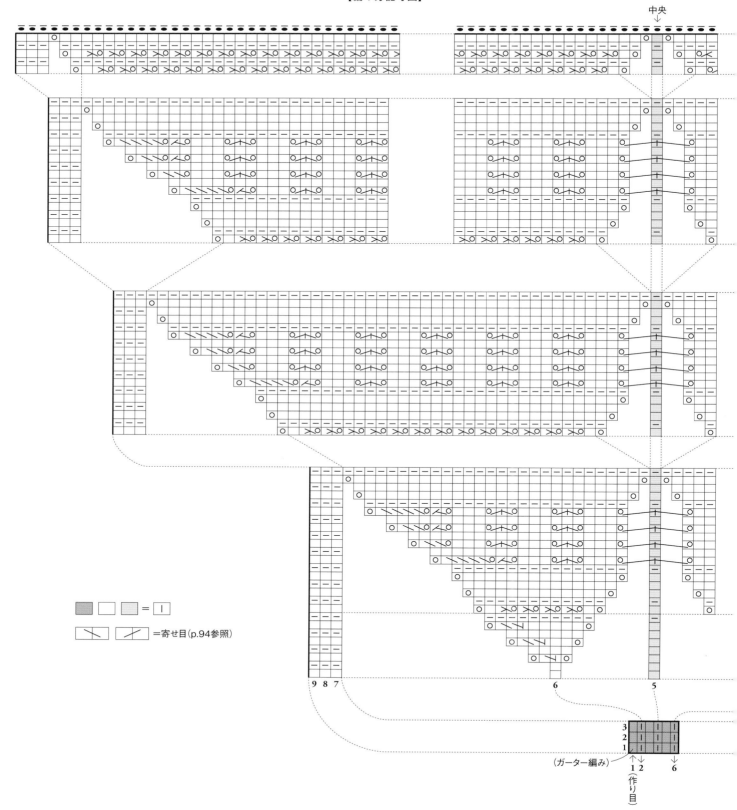

中央

＝ □

＝寄せ目（p.94参照）

9 8 7　　6　　5

（ガーター編み）

3
2
1

1
（作り目）

1 2　　6

60

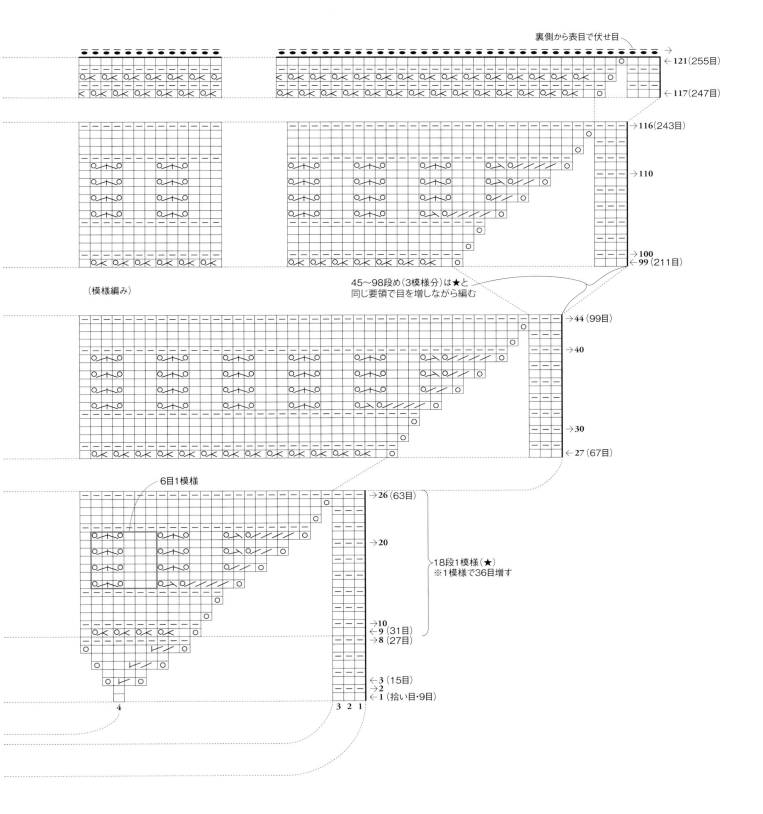

裏側から表目で伏せ目

←121(255目)

←117(247目)

→116(243目)

→110

→100
←99(211目)

(模様編み)

45〜98段め(3模様分)は★と
同じ要領で目を増しながら編む

→44(99目)

→40

→30

←27(67目)

6目1模様

→26(63目)

→20

18段1模様(★)
※1模様で36目増す

→10
←9(31目)
→8(27目)

←3(15目)
→2
←1(拾い目・9目)

4

3 2 1

61

ケーブルのマフラー　→ p.52

サイズ…幅17cm　長さ141cm

糸…ハマナカ ソノモノ アルパカリリー　グレー(114)150g

針…長さ40cm以上の輪針8号

ゲージ…模様編みA　13目＝5.5cm、29段＝10cm
　　　　　模様編みB　18目＝6cm、29段＝10cm

編み方　糸は1本どり。毎段、編み地の向きをかえて往復に編みます。

1.　p.48「Technic ❸ 輪針で平らに編む」を参照し、一般的な作り目で44目を作り、2目ゴム編み、模様編みA、B、A'でp.63の編み方記号図のように編み、編み終わりは前段と同じ記号で伏せ目にします。

2.　糸の始末(p.18)をし、仕上げ(p.19)ます。

【寸法図】

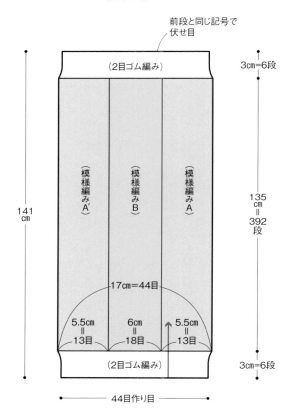

前段と同じ記号で伏せ目

（2目ゴム編み）　3cm＝6段

141cm

（模様編みA'）（模様編みB）（模様編みA）

135cm＝392段

17cm＝44目

5.5cm＝13目　6cm＝18目　5.5cm＝13目

（2目ゴム編み）　3cm＝6段

44目作り目

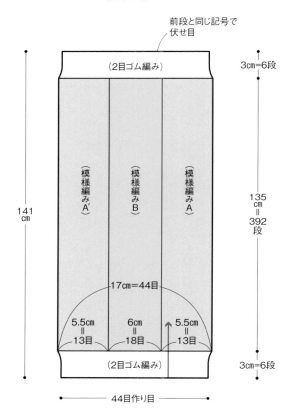

編み物Q＆A

マフラーのサイズをかえて作りたい

作りたい幅や長さを決め、模様単位で増減させます。p.52のマフラーの場合、模様編みAの中央部分は2目（約0.8cm）単位で増減できるので、細かなサイズ調整が可能です。模様編みBは18目（6cm）でひとつの模様ができているので、18目の倍数で考えます。長さは模様編みBが8段1模様（約2.8cm）なので、8段の倍数で増減させるとアレンジしやすいです。

【編み方記号図】

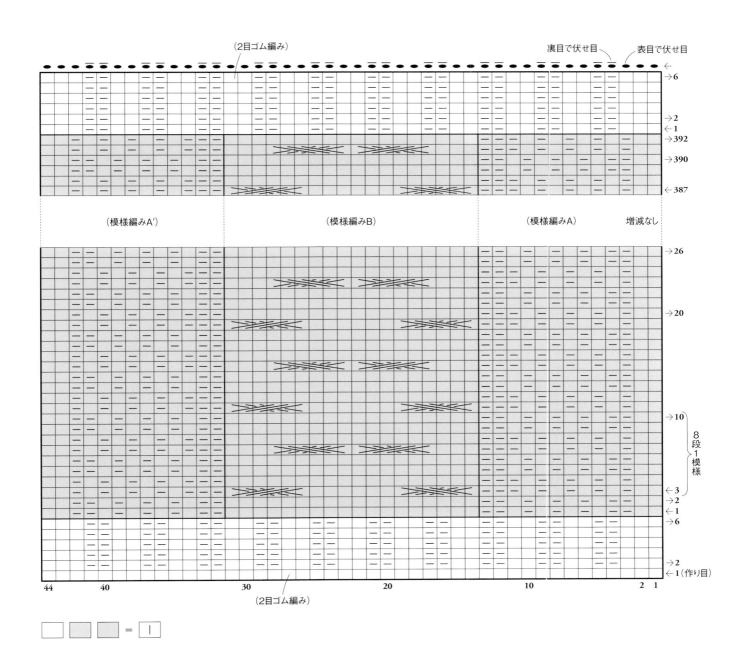

2way ショール　→ p.54

サイズ…幅36cm　長さ135cm

糸…ハマナカ ソノモノ アルパカウール《並太》　生成り(61)320g

針…長さ120cm以上の輪針6号

その他…直径1.8cmのボタン8個

ゲージ…模様編み　27目×28.5段＝10cm角

編み方　糸は1本どり。毎段、編み地の向きをかえて往復に編みます。

1. p.48「Technic ❸ 輪針で平らに編む」を参照し、一般的な作り目で365目を作って模様編みでp.65の編み方記号図のように編みますが、101段めで317目に減らし、編み終わりは指定の編み方で伏せ目にします。

2. 指定の位置にボタンをつけます。

3. 糸の始末(p.18)をし、仕上げ(p.19)ます。

【寸法図】　※ボタン、ボタン穴の位置は編み方記号図参照

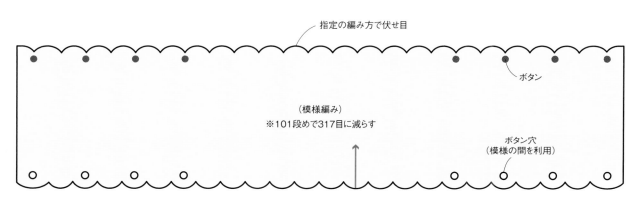

指定の編み方で伏せ目

ボタン

(模様編み)
※101段めで317目に減らす

ボタン穴
(模様の間を利用)

36cm＝102段

135cm＝365目(24模様+5目)作り目

ボタンとボタン穴について

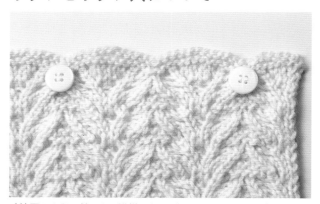

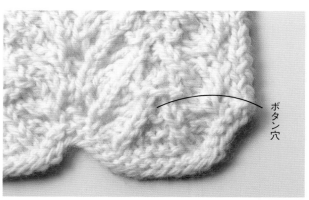

ボタン穴

寸法図のように端から1模様おきにボタンをつけます。ボタンをつける位置、ボタン穴に利用する模様の間はp.65の編み方記号図を参照します。ボタンは毛糸1本(または1本を半割り)でつけますが、穴に針や糸が通らないときや、しっかりつけたいときは手縫い糸と手縫い針を用意してつけます。

【編み方記号図】

裏目の左上2目一度をしながら伏せ目

裏目で伏せ目

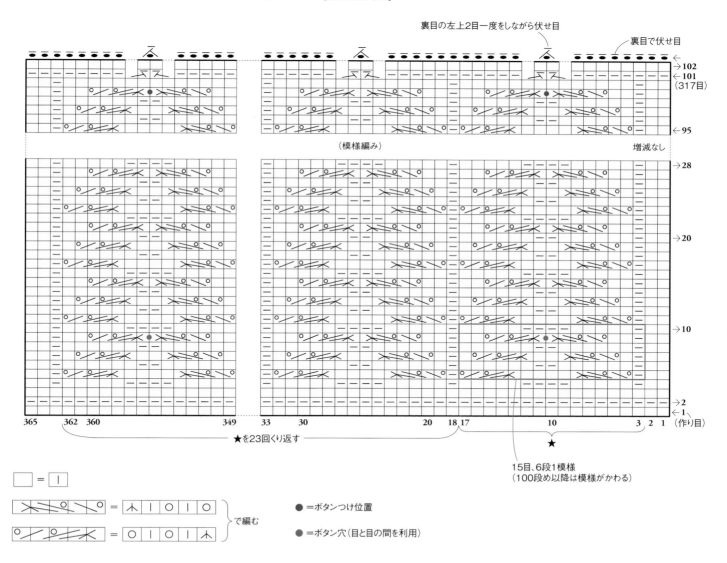

←102
←101
(317目)

←95

（模様編み）

増減なし

→28

→20

→10

→2
←1
（作り目）

365　362 360　　　　　　　349　　　33　30　　　　20 18 17　　　　10　　　　3 2 1

★を23回くり返す

★

15目、6段1模様
（100段め以降は模様がかわる）

□ = |

で編む

● =ボタンつけ位置

● =ボタン穴（目と目の間を利用）

ストール　→ p.56

サイズ…幅（最長）21cm　長さ115cm
糸…ハマナカ スリープライ　生成り（45）55g
針…長さ40cm以上の輪針2号
ゲージ…模様編み　29目×54.5段＝10cm角

編み方　糸は1本どり。毎段、編み地の向きをかえて往復に編みます。
1.　p.48「Technic ❸ 輪針で平らに編む」を参照し、一般的な作り目で53目を作って模様編みで編み方記号図のように編み、編み終わりは裏側から表目で伏せ目にします。
2.　仕上げ方はp.19の〈2〉まち針、または〈3〉ワイヤーで両側のジグザグの形を整えます。
3.　糸の始末（p.18）をし、仕上げ（p.19）ます。

【寸法図】

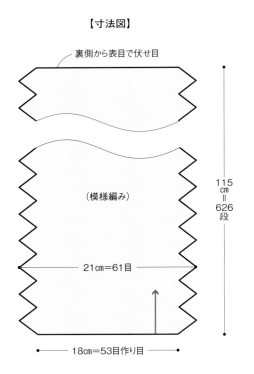

裏側から表目で伏せ目

（模様編み）

115cm＝626段

21cm＝61目

18cm＝53目作り目

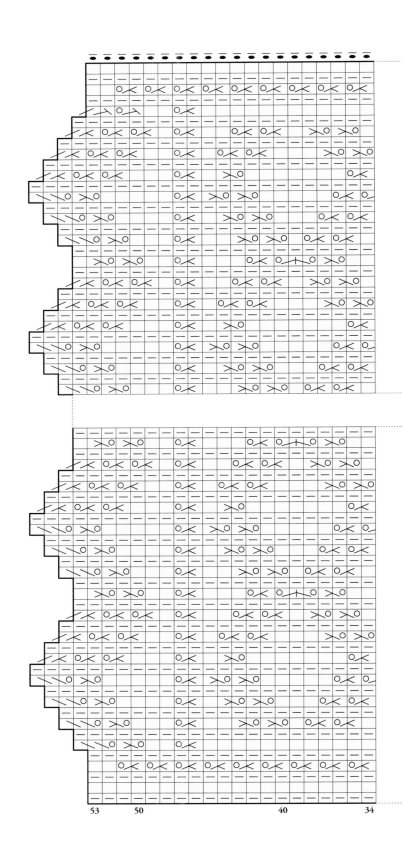

53　50　40　34

【編み方記号図】

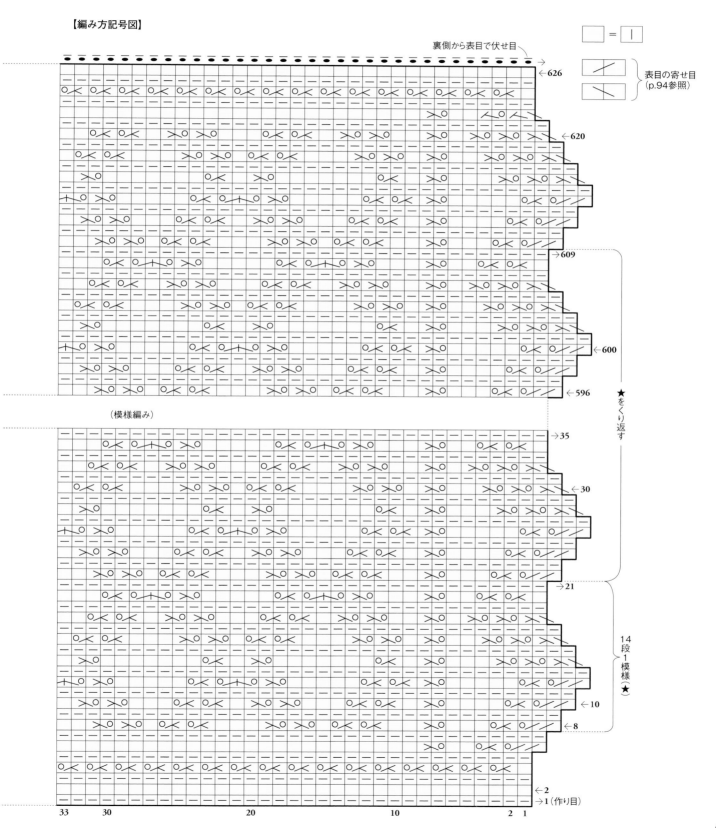

裏側から表目で伏せ目

☐ = │

表目の寄せ目
（p.94参照）

←626
←620
→609
←600
←596

（模様編み）

→35
←30
→21

★をくり返す

14段1模様（★）

←10
←8

←2
→1（作り目）

33　　30　　　　　　　20　　　　　　10　　　2　1

ミニストール　→ p.58

サイズ…幅（最長）17cm　長さ89cm
糸…ハマナカ スリープライ　生成り（45）30g
針…長さ40cm以上の輪針2号
ゲージ…模様編み　26目×53段＝10cm角

編み方　糸は1本どり。毎段、編み地の向きをかえて往復に編みます。
1.　p.48「Technic ❸ 輪針で平らに編む」、p.71「編み方ポイント」
を参照し、一般的な作り目で35目を作って模様編みでp.69の編
み方記号図のように編み、編み終わりは表目で伏せ目にします。
2.　仕上げ方はp.19の〈2〉まち針、または〈3〉ワイヤーで両側のジ
グザグの形を整えます。
3.　糸の始末（p.18）をし、仕上げ（p.19）ます。

【寸法図】

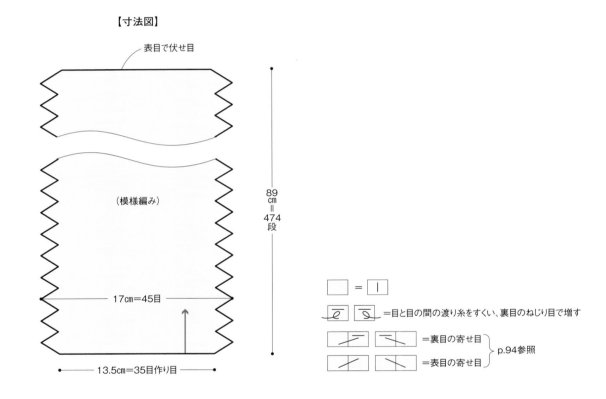

表目で伏せ目

（模様編み）

89cm＝474段

17cm＝45目

13.5cm＝35目作り目

□ ＝ |

＝目と目の間の渡り糸をすくい、裏目のねじり目で増す

＝裏目の寄せ目
＝表目の寄せ目　}p.94参照

編み物Q & A

模様を間違えずに編みたい

1段編むごとに、鉛筆で記号図の右側に印をつけます。こう
することでどの段を編んだかわかりやすく、次に編む段も見
やすいので編み間違いが防げます。同時に10段ごと、20段
ごとに編み地に印つけ（別糸や段かぞえマーカーなど）をして
おくと全部で何段編んだかを数えやすくなります。

【編み方記号図】

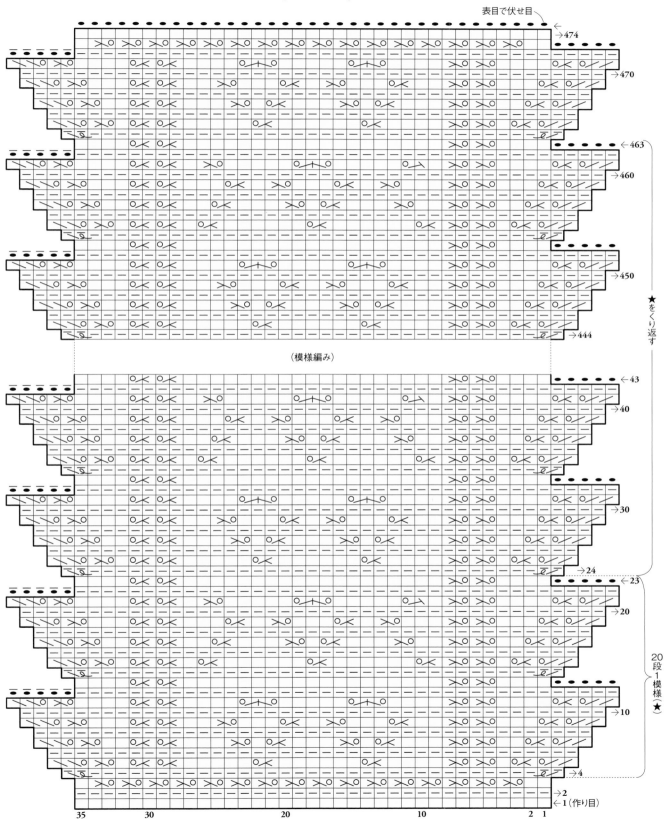

表目で伏せ目

←→474

→470

←463

→460

→450

→444

★をくり返す

(模様編み)

←43

→40

→30

→24

←23

→20

20段1模様（★）

→10

→4

→2

←1（作り目）

35　　30　　　　20　　　　10　　2　1

p.49 三角ショールの編み方

毎段、編み地の向きをかえて往復に編みます（作品Bで解説）。

作り目～ガーター編み

模様編み

1
一般的な作り目で3目を作り、ガーター編みを6段編む。

2
1段め（編み地の表側）。針にかかっている3目を表目で編む。

3
ガーター編み6段めの左端の目に針を入れ、表目を編む。

4
表目が編めた。

5
同様に4段め、2段めの端の目に表目を編む。

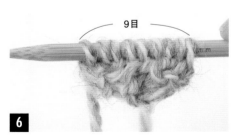

6
作り目（1段め）の1目に1目ずつ表目を編む。ガーター編みの三辺から9目が編めた。

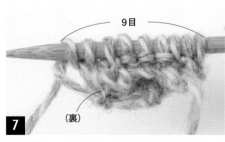

7
2段め（編み地の裏側）。編み地の向きをかえ、記号図の表目は裏目に、裏目は表目にかえて編む。

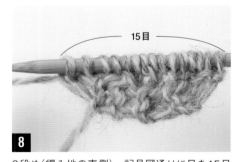

8
3段め（編み地の表側）。記号図通りに目を15目に増しながら編む。

9
4段め以降は2段め、3段めの要領で毎段、編み地の向きをかえ、指定の段で目を増しながら編む。

10
針にかかっているときは編んでいる形がわかりにくいが、コードのほうに目を移動させると形がよくわかる。

11
全部編み上げたらアイロンのスチームで形を整える。

p.58 ミニストールの両端で編む伏せ目 伏せ目は編む糸のあるほうでするので、左右で1段ずれます。

左側 （12段め、22段めなどの偶数段）※編み地の裏側で編みます。

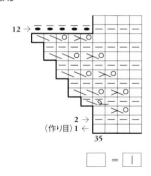

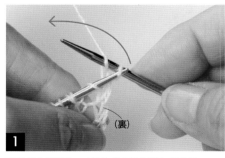

□ = │

1 表目を2目編み、1目めを2目めにかぶせる。

2 伏せ目が1目できた。

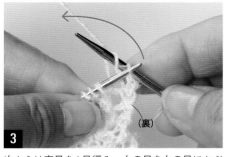

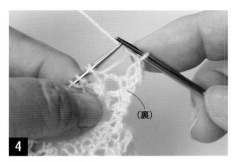

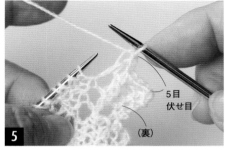

3 次からは表目を1目編み、右の目を左の目にかぶせる。

4 伏せ目が2目できた。

5 同様に「1目編んでかぶせる」を3回くり返し、5目伏せ目をする。これで6目めまで編んだことになるので、次は7目めを編むことになる。

右側 （13段め、23段めなどの奇数段）※編み地の表側で編みます。

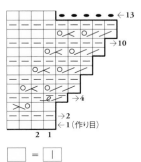

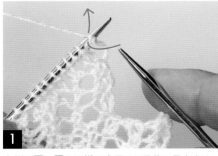

□ = │

1 左側の**1**〜**5**と同様に表目で5目伏せ目をする。

2 5目伏せ目ができた。これで6目めまで編んだことになる。

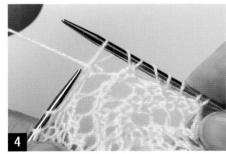

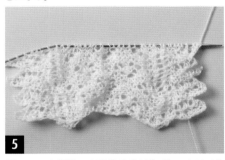

3 次に編む目は7目めになる。奇数段はかけ目や2目一度などの模様を編むので、模様がずれないように注意する（伏せ目を含み、9目めまで編んだところ。針には4目がかかる）。

4 次の4目でかけ目と右上2目一度をくり返す。

5 編んでいる状態ではジグザグの形がしっかりできない。編み上げたらp.19仕上げ方の〈2〉または〈3〉で形を整える。

Technic ④ 輪×平らのミックスで編む

ひとつの作品を輪に編んだり平らに編んだりと、編み進めていくうちに形ができて楽しくなります。
編み地はp.76のハンドウォーマーで解説しています。

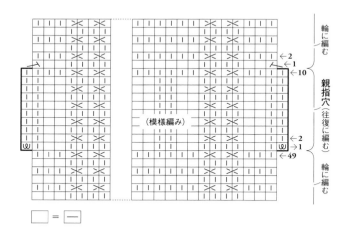

右側の縦書き注記：
輪に編む
親指穴（往復に編む）
← 2
← 1
← 10
← 2
← 1
← 49
輪に編む

（模様編み）

□ = □

輪に編む

1 p.26「Technic ❷ マジックループで輪に編む」の
要領で編み始め、模様編みを輪に49段編む。

往復して平らに編む（親指穴）

※ **1** で輪に編んだときと同様に、目は半分ずつにしたまま、コードは半分の目の両側にある状態で編みます。

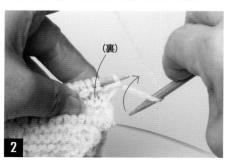

2 1段め（裏側）。右針で編む糸をすくい、矢印のように ねじる。

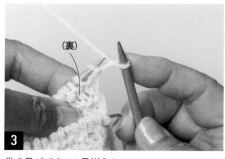

3 巻き目ができ、1目増えた。

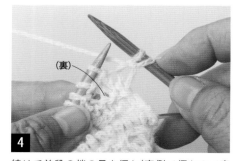

4 続けて前段の端の目を編む（裏側で編むので裏目）。

5 次からは記号図の表目は裏目に、裏目は表目にかえて編む。

6 全体の半分が編めた。コードを引き、残り半分の目を針に動かす。

7 残り半分が針にかかった。

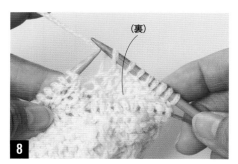

8 針の向きを持ちかえて、残り半分の目を編む。

9 段の終わりで巻き目をし、1目増す。

10 2段め(編み地の表側)。編み地の向きをかえ、半分ずつ編む。

輪に編む

11 同様にして毎段、編み地の向きをかえながら半分ずつ、全部で10段編む。

12 親指穴を編み終えたら**1**と同様に輪に編む(1段めは親指穴で増し目をした目を減らす)。

編み方ポイント

 1目×1目の右上交差の編み方(p.76 ハンドウォーマーの模様編み)

p.25と同様に、なわ編み針や別針を使わずに交差を編む編み方です。

1 1目めと2目めの間に、向こう側から矢印のように針を入れる。

2 2目めに表目を編むように針を入れる。

3 針に糸をかけて引き出す。

4 2目めに表目が編めた。

5 1目めに針を入れ、表目を編む。

6 左針から2目を外す。1目×1目の右上交差が編めた。

knit socks

レース模様の靴下

かかとは平らに、そのほかは輪に編みます。モノトーンでキュートになりすぎず、大人かわいい仕上がりに。

使用糸／ハマナカ コロポックル
編み方／ p.82

Technic **4** 輪×平らのミックスで編む

hand warmer
ハンドウォーマー

親指穴は平らに、そのほかは輪に編みます。手に通して自分サイズに調整しながら編んでも。

使用糸／ハマナカ ソノモノ アルパカリリー
編み方／ p.84

段染めの靴下

色の変化で目数や段数を数えやすい段染め糸を使いました。
糸玉ごとに色の出方が異なるので、一点ものの靴下ができます。

使用糸／ハマナカ　コロポックル《マルチカラー》
編み方／p.86

Knit socks

赤い靴下

インパクトが強い色ですが、カジュアルにもゆるっとしたナチュラルな服にも似合います。
シンプルな服の差し色に。

使用糸／ハマナカ　コロポックル
編み方／ p.88

レース模様の靴下　→ p.74

サイズ…足のサイズ23cm
　（編み地を少し伸ばして足にフィットさせながら履くので、
　25cmぐらいまで対応可能）

糸…ハマナカ　コロポックル　グレー（3）55g

針…長さ80cm以上の輪針3号

その他…段かぞえマーカー

ゲージ…模様編みB　29目×34段＝10cm角
　　　　メリヤス編み　26目×32段＝10cm角

編み方　糸は1本どり。輪に編むところ（かかと以外）は毎段、編み地の表側を見てマジックループで編みます。平らに編むところ（かかと）は毎段、編み地の向きをかえて往復に編みます。

1. p.72「Technic❹ 輪×平らのミックスで編む」を参照し、一般的な作り目で60目を作って輪にし、p.83の編み方記号図のように足首の模様編みA（p.92に編み方ポイントあり）、B（1段めで目を減らす）を編みます。

2. 次に最初の29目だけを平らに編んでかかとを作ります（残りの29目は編まずにそのままにする＝休み目）。p.90の編み方ポイントの要領で、段かぞえマーカーをつけながら目を減らし、段かぞえマーカーをつけたところから目を拾って編みます。

3. かかとと**2.**で休めた29目の計55目で、底側（メリヤス編み）と甲側（模様編みB）をマジックループで輪に編みます。

4. 続けてつま先をメリヤス編みで目を減らしながら編み、残った8目に糸を2周通して絞ります。

5. 同様に、もう1枚編みます。

6. 糸の始末（p.18）をし、仕上げ（p.19）ます。

【全体図】

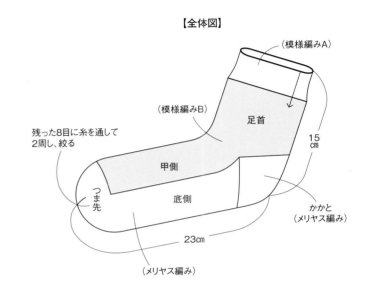

（模様編みA）
（模様編みB）
足首
残った8目に糸を通して2周し、絞る
甲側
つま先
底側
15cm
かかと（メリヤス編み）
23cm
（メリヤス編み）

p.83 の続き

★＝模様編みBのゲージから算出した寸法

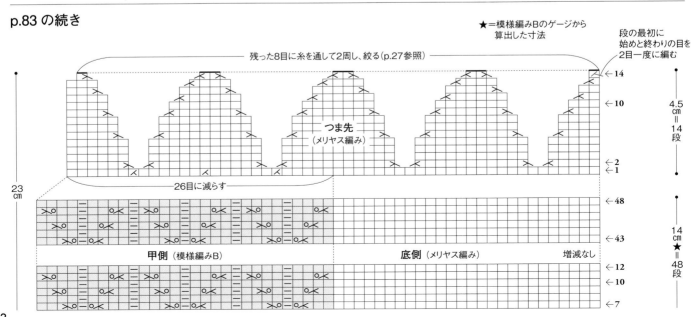

残った8目に糸を通して2周し、絞る（p.27参照）

段の最初に始めと終わりの目を2目一度に編む

つま先（メリヤス編み）

26目に減らす

甲側（模様編みB）　　底側（メリヤス編み）　　増減なし

23cm

←14
←10
←2
←1
4.5cm＝14段

←48
←43
←12
←10
←7
14cm★＝48段

【寸法と編み方記号図】

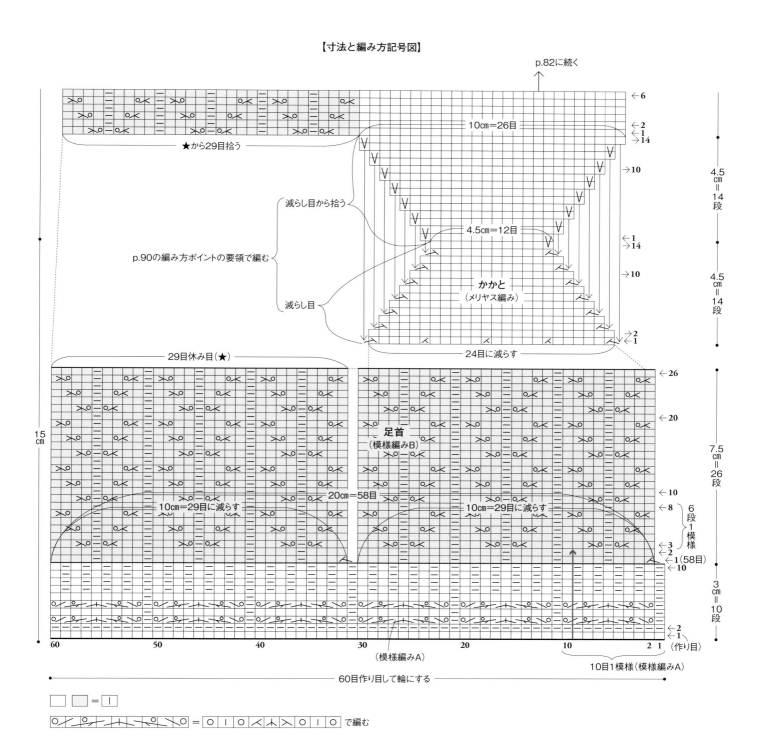

p.82に続く

★から29目拾う

減らし目から拾う

p.90の編み方ポイントの要領で編む

減らし目

10cm=26目

4.5cm=12目

かかと
（メリヤス編み）

4.5cm＝14段

4.5cm＝14段

29目休み目（★）

24目に減らす

足首
（模様編みB）

10cm=29に減らす

20cm=58目

10cm=29に減らす

6段1模様

7.5cm＝26段

（模様編みA）

10目1模様（模様編みA）

3cm＝10段

60目作り目して輪にする

□ ▨ ＝ Ｉ

○ ╱ ＝ ○ Ｉ ○ ╱ ⋏ ╲ ○ Ｉ ○ で編む

15cm

60　　50　　40　　30　　20　　10　　2 1

←6
←2
←1
→14

→10

←1
→14

→10

←2
←1

←26

←20

←10
←8
←3
←2
←1(58目)

←10

←2
←1

（作り目）

83

ハンドウォーマー　→ p.76

サイズ…手のひらまわり20cm　丈23cm
糸…ハマナカ ソノモノ アルパカリリー　生成り(111)65g
針…長さ80cm以上の輪針8号
ゲージ…模様編み　25目×34段＝10cm角

編み方　糸は1本どり。輪に編むところは毎段、編み地の表側を
みてマジックループで編みます。平らに編むところはマジックルー
プをしながら毎段、編み地の向きをかえて往復に編みます。
1.　p.72「Technic❹ 輪×平らのミックスで編む」を参照し、一般
的な作り目で50目を作って輪にし、p.85の編み方記号図のように
模様編みを49段編みます。
2.　次に平らに編んで親指穴を作ります。1段め(裏側)の両端で巻
き目で目を増し、2段め(表側)を編み、3段め以降も毎段、マジッ
クループをしながら編み地の向きをかえて10段編みます。
3.　親指穴の上を輪に編みます。模様編みの1段めの最初と最後
で目を減らし、15段編んだら1目ゴム編みを3段編み、編み終わ
りは前段と同じ記号で伏せ目にします。
4.　同じものをもう1枚編みます。
5.　糸の始末(p.17〜18)をし、仕上げ(p.19)ます。

【寸法図】　　　　　　　　　　　　　　　　　　　　　　　　　　　　　　　　　【でき上がり図】

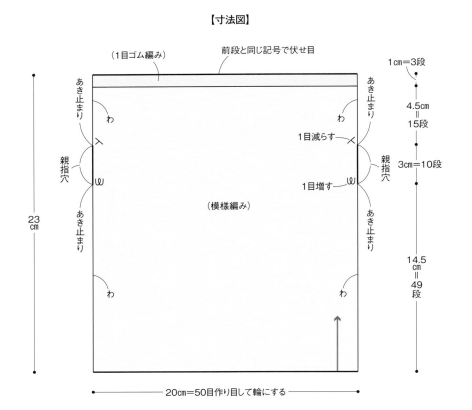

【編み方記号図】

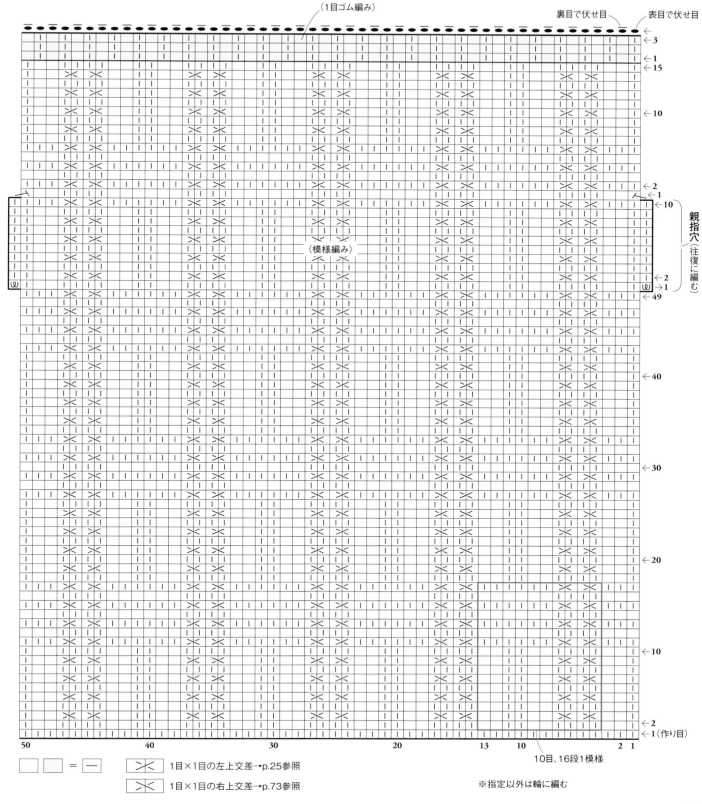

(1目ゴム編み)　　　　　　　　　　　　　　裏目で伏せ目　　表目で伏せ目

←3
←1
←15

←10

(模様編み)

←2
←1
←10

親指穴
(往復に編む)

←2
←1
←49

←40

←30

←20

←10

←2
←1(作り目)

50　　　　　40　　　　　30　　　　　20　　　13　10　　　2　1

10目、16段1模様

☐ ☐ = ─　　✕ 1目×1目の左上交差→p.25参照

✕ 1目×1目の右上交差→p.73参照　　　　※指定以外は輪に編む

85

段染めの靴下　→ p.78

サイズ…足のサイズ23cm
（編み地を少し伸ばして足にフィットさせながら履くので、25cm
ぐらいまで対応可能）

糸…ハマナカ コロポックル《マルチカラー》
モノトーン×赤のミックス（118）70g

針…長さ80cm以上の輪針2号、3号

その他…段かぞえマーカー

ゲージ…2目ゴム編み　28目×33段＝10cm角
メリヤス編み　24目×31段＝10cm角

※伸縮する編み地のため、ゲージのとり方はp.15を参照。

編み方　糸は1本どり。輪に編むところ（かかと以外）は毎段、編み地の表側を見てマジックループで編みます。平らに編むところ（かかと）は毎段、編み地の向きをかえて往復に編みます。

1.　p.72「Technic ❹ 輪×平らのミックスで編む」を参照し、一般的な作り目で56目を作って輪にし、p.87の編み方記号図のように足首の1目ゴム編み、2目ゴム編みを編みます。

2.　次に最初の28目だけを平らに編んでかかとを作ります（残りの28目は編まずにそのままにする＝休み目）。p.90の編み方ポイントを参照し、段かぞえマーカーをつけながら目を減らし、段かぞえマーカーをつけたところから目を拾って編みます。

3.　かかとと**2.**で休めた28目の計52目で、底側（メリヤス編み）と甲側（2目ゴム編み）をマジックループで輪に編みます。

4.　続けてつま先をメリヤス編みで目を減らしながら編み、残った8目に糸を2周通して絞ります。

5.　同様に、もう1枚編みます。

6.　糸の始末（p.18）をし、仕上げ（p.19）ます。

【全体図】

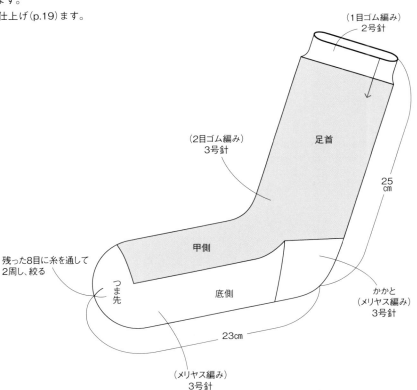

（1目ゴム編み）
2号針

（2目ゴム編み）
3号針

足首

25cm

残った8目に糸を通して
2周し、絞る

甲側

つま先

底側

23cm

（メリヤス編み）
3号針

かかと
（メリヤス編み）
3号針

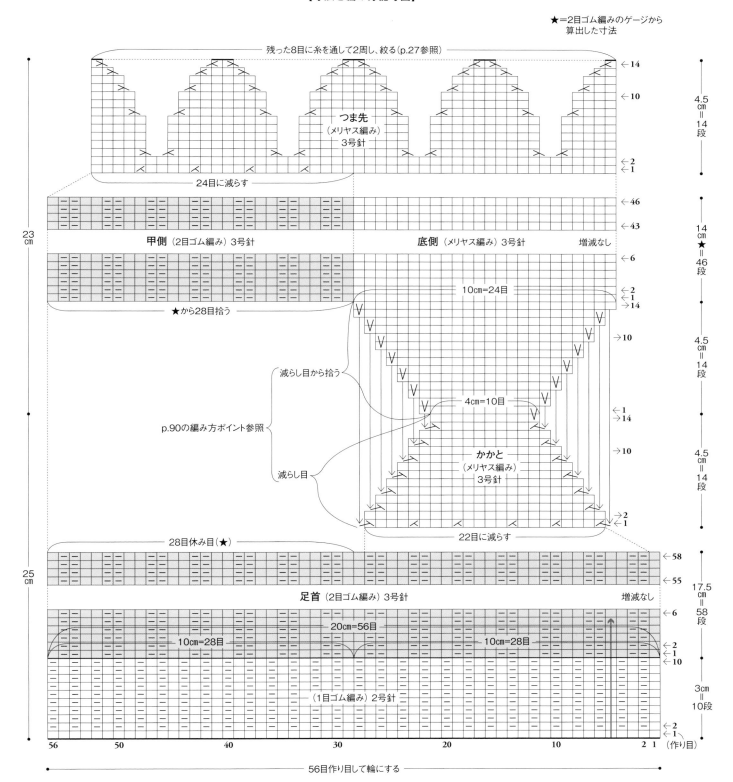

【寸法と編み方記号図】

★=2目ゴム編みのゲージから算出した寸法

残った8目に糸を通して2周し、絞る(p.27参照) ←14

←10

つま先
(メリヤス編み)
3号針

←2
←1

4.5cm=14段

24目に減らす

甲側(2目ゴム編み)3号針 ←46 ←43

底側(メリヤス編み)3号針 増減なし

←6

14cm★=46段

★から28目拾う

10cm=24目 ←2 ←1 →14

→10

減らし目から拾う

4cm=10目

→1 →14

4.5cm=14段

p.90の編み方ポイント参照

→10

かかと
(メリヤス編み)
3号針

減らし目

←2 ←1

4.5cm=14段

22目に減らす

23cm

28目休み目(★) ←58 ←55

足首(2目ゴム編み)3号針 増減なし

←6

17.5cm=58段

20cm=56目

10cm=28目

10cm=28目

←2 ←1 ←10

(1目ゴム編み)2号針

3cm=10段

←2 ←1

25cm

56 50 40 30 20 10 2 1 (作り目)

56目作り目して輪にする

□ ▨ = |

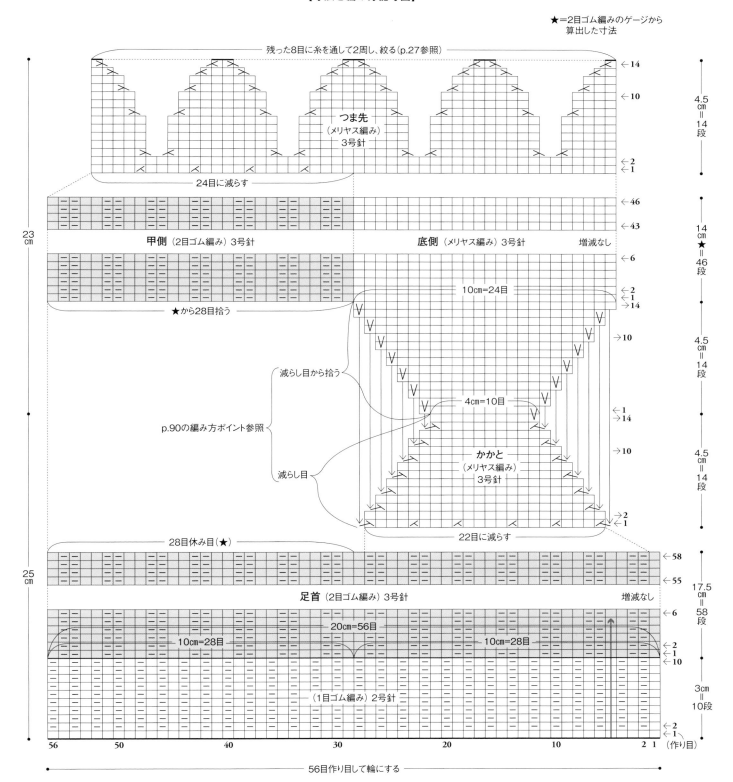

赤い靴下 → p.80

→ p.80

サイズ…足のサイズ23.5cm
（編み地を少し伸ばして足にフィットさせながら履くので、
　25.5cmぐらいまで対応可能）

糸…ハマナカ コロポックル　赤(7)65g

針…長さ80cm以上の輪針2号、3号

その他…段かぞえマーカー

ゲージ…模様編み　24目×40段＝10cm角
　　　　　メリヤス編み　26目×32段＝10cm角

編み方　糸は1本どり。輪に編むところ（かかと以外）は毎段、
編み地の表側をみてマジックループで編みます。平らに編むと
ころ（かかと）は毎段、編み地の向きをかえて往復に編みます。

1.　p.72「Technic ❹ 輪×平らのミックスで編む」を参照し、
　一般的な作り目で48目を作って輪にし、p.89の編み方記号図
　のように足首の2目ゴム編み、模様編みを編みます。

2.　次に最初の24目だけを平らに編んでかかとを作ります
　（残りの24目は編まずにそのままにする＝休み目）。p.90の
　編み方ポイントの要領で、段かぞえマーカーをつけながら目
　を減らし、段かぞえマーカーをつけたところから目を拾って
　編みます。

3.　かかとと2.で休めた24目の計50目で、底側（メリヤス
　編み）と甲側（模様編み）をマジックループで輪に編みます。

4.　続けてつま先をメリヤス編みで目を増減しながら編み、
　残った8目に糸を2周通して絞ります。

5.　同様に、もう1枚編みます。

6.　糸の始末(p.18)をし、仕上げ(p.19)ます。

【全体図】

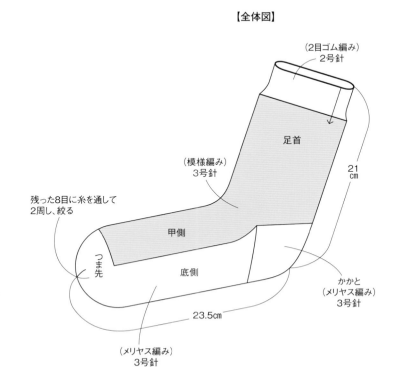

（2目ゴム編み）
2号針

足首

（模様編み）
3号針

甲側

底側

つま先

残った8目に糸を通して
2周し、絞る

21cm

かかと
（メリヤス編み）
3号針

23.5cm

（メリヤス編み）
3号針

p.89 の続き

★＝メリヤス編みと模様編みの平均ゲージ
（36段＝10cm）で算出した寸法

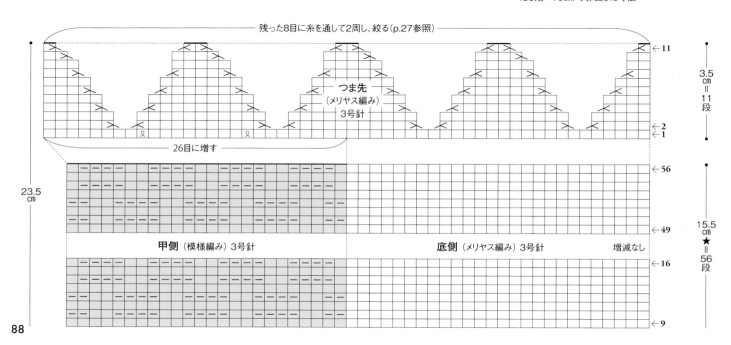

残った8目に糸を通して2周し、絞る(p.27参照)

つま先
（メリヤス編み）
3号針

←11

3.5cm
＝11段

←2
←1

26目に増す

←56

←49

甲側（模様編み）3号針

底側（メリヤス編み）3号針

増減なし

23.5cm

15.5cm
★
＝56段

←16

←9

p.88に続く

【寸法と編み方記号図】

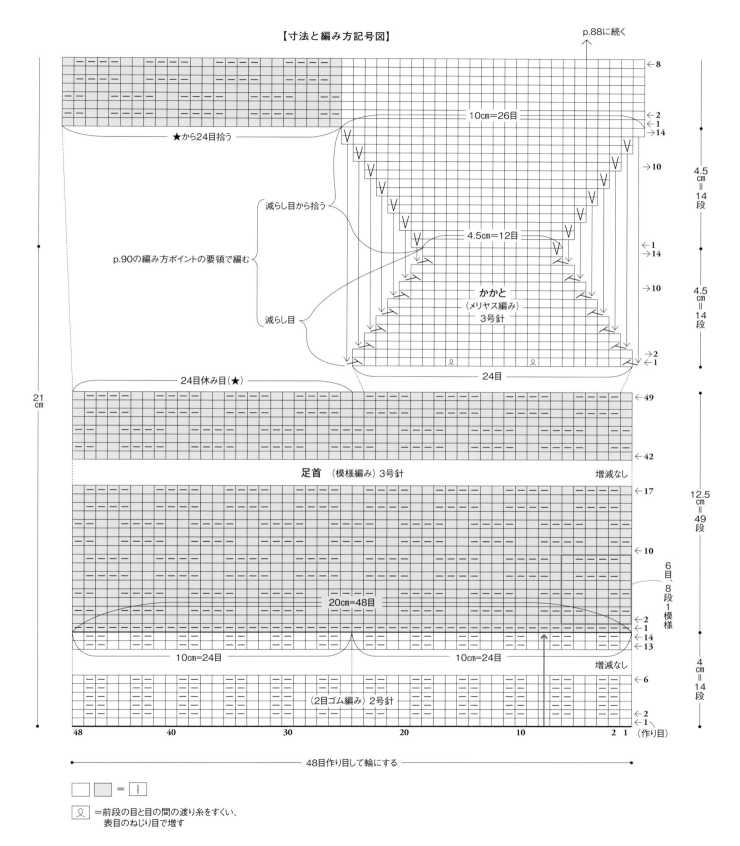

★から24目拾う

10cm=26目 ←8

←2
←1
→14

→10

減らし目から拾う

4.5cm=12目

p.90の編み方ポイントの要領で編む

←1
→14

かかと
（メリヤス編み）
3号針

減らし目

→10

→2
←1

24目

24目休み目（★）

←49

足首　（模様編み）3号針　　　　　　　増減なし

←42

←17

4.5cm=14段

4.5cm=14段

12.5cm=49段

←10

6目、8段1模様

20cm=48目

←2
←1
←14
←13

10cm=24目

10cm=24目

増減なし

←6

（2目ゴム編み）2号針

←2
←1
→（作り目）

48　　40　　30　　20　　10　　2 1

4cm=14段

21cm

48目作り目して輪にする

□ ▦ = |

卩 ＝前段の目と目の間の渡り糸をすくい、
　　表目のねじり目で増す

靴下のかかとの編み方 (p.78 段染めの靴下)

毎段、編み地の向きをかえて往復に編みますが、両端の減らし目は同じ段で2目一度し、
減らし目から拾うときは両端で1段ずらして編みます。目を拾うときに針の入れ位置をわかりやすくするため、
段かぞえマーカーを使います。

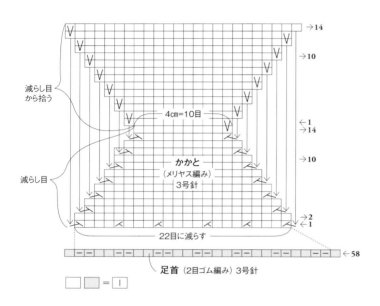

1 足首を編んだ状態。次から半分の目数(28目)で
かかとをメリヤス編みで編む。

2 1段め。両端と内側で目を減らし、22目にする。
両端の2目一度に、それぞれ段かぞえマーカーを
つける。

3 3段め以降は両端で目を減らし、全部で14段編
む(針にかかっている目は10目)。

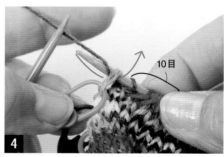

4 次は目を拾いながら編む。1段め(編み地の表側)
は針の10目を編んだら(1目めはすべり目)左端の
13段めの段かぞえマーカーをつけた目に針を入
れ、糸をかけて引き出す。

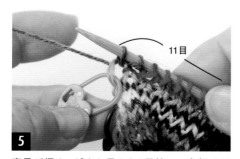

5 表目が編め、減らし目から1目拾い、全部で11
目になった。

6 目を拾ったところは段かぞえマーカーを外す。

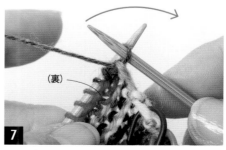

7 2段め(編み地の裏側)。編み地の向きをかえ、端
の目に針を入れてそのまま右針に移す。

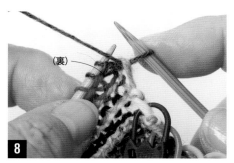

8 すべり目が編めた(すべり目にすることで段差を減らし、かかとがきれいにできる)。

9 2目めからは裏目を編む。

10 端まで編んだら、13段めの段かぞえマーカーをつけた目に裏目を編むように針を入れる。

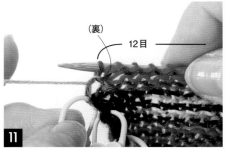

11 そのまま裏目を編む。減らし目から1目拾い、全部で12目になった。

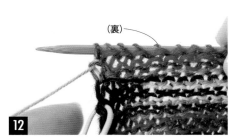

12 目を拾ったところは段かぞえマーカーを外す。

13 3段め(編み地の表側)。編み地の向きをかえ、端の目に針を入れてそのまま右針に移す。

14 すべり目が編めた。

15 2目めからは表目を編む。段の終わりは**4**〜**6**と同様に1目拾う。

16 同様に毎段、段の終わりで目を拾い、次の段ですべり目をしながら全部で14段編む(24目になる。最後の拾い目は次の段のすべり目をしない)。かかとが編めた。

17 コードのほうに目を移動させると、かかとの形がよくわかる。

18 次からは全部の目をマジックループで輪に編むので、コードを引いて針に目を移動する。

かけ目が外れないように編む（p.74 レース模様の靴下の模様編み A）

□ = |

マジックループは全体の目数を半分ずつに分けて編みます。
模様編み A は 60 目を 30 目ずつに分けて編みます。
模様は 10 目 1 模様で、3 段めや 5 段めは 10 目めが「かけ目」です。
半分編んで針を動かすときに、かけ目が外れないように注意します。

かけ目（★）

1 3 段め。記号図のように 1 模様（10 目めがかけ目）を編む。

2 同様に 2 回くり返し、全体の半分を編む。

3 コードを引いて針（▲）に目を移動し、かけ目をした針を抜いて残り半分の目をコードに移動して編む準備をする（かけ目が外れないよう注意）。

4 残り半分を編む。

5 最初の目は、できるだけかけ目に寄せて編む。

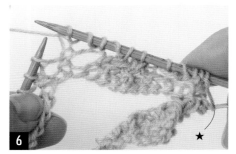

6 残り半分は **1**～**3** をくり返す（5 段めも同様）。

輪針ではないけれど、
こんな小さな道具もあります。
「4 本や 5 本棒針で輪に編む」を、
この 3 本の針で編めます。

道具

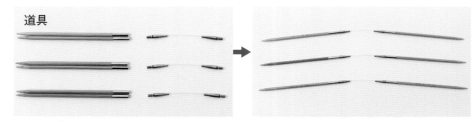

針は p.8 の「針とコードをつないで使う輪針」と同じもので、コードは長さ 5cm。

編み方

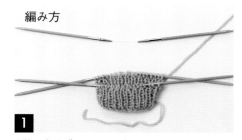

1 目数は半分ずつにして 2 本の針に通す。

2 3 本めの針で編む。手の動きに合わせてコードが曲がり、少ない目数でもスムーズに編める。

棒針編みの基礎

《作り目》 一般的な作り目

1

糸端側（編み地寸法の 3.5 倍＋とじ糸分）

糸を左手の親指と人さし指に
かけ、針を矢印のように入れる

2

人さし指の糸を針にかけ、
親指側にできている輪にくぐらせる

3

親指にかかっている糸を外す

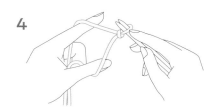

4

糸端側の糸を親指にかけて引く。

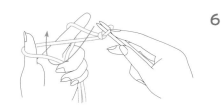

5

親指にかかった糸を矢印の
ようにすくいあげる

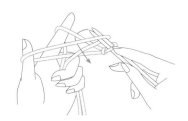

6

人さし指にかかった糸を針にかけ
ながら、親指の糸の輪にくぐらせる

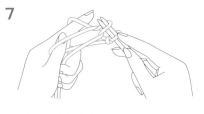

7

親指の糸を外す

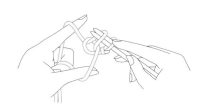

8

親指に糸をかけて軽く引き締める。
これが2目めとなる。
5～8 をくり返して必要目数を作る

9

←糸端側

でき上がり。
これを1段めと数える。針を1本
抜き、抜いた針で編み始める

《増し方》 目と目の間で1目増す方法

目と目の間の渡り糸をねじって増します。

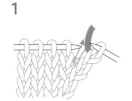

1

2

3

右端の目を表目で編み、1目めと2目めの間の渡り糸を右の針ですくい、ねじり目で編む

《編み目記号と編み方》

編み目記号は編み地の表側から見た、操作記号です。
例外（かけ目・巻き目）を除き1段下にその編み目ができます。

表目 │ 	**裏目** ─	**かけ目** ○ 	**ねじり目** Ｑ	**ねじり目（裏目）** 豆 
右上2目一度 ＞ ②表目を編む ①編まずに右の針に移す ②に①をかぶせる 	**左上2目一度** ＜ 2目を一度に編む 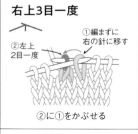	**右上3目一度** ＞ ①編まずに右の針に移す ②左上2目一度 ②に①をかぶせる 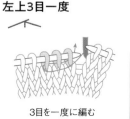	**左上3目一度** ＜ 3目を一度に編む 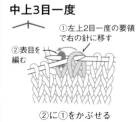	**中上3目一度** 人 ①左上2目一度の要領で右の針に移す ②表目を編む ②に①をかぶせる
左増し目 左針で2段下の目をすくって表目を編む 	**右増し目** 右針で1段下の目をすくって表目を編む 	**すべり目** V 目を編まずに右の針に移し編み糸を後ろに渡す 下の段の目が引き上がる 	**編み出し増し目** 3 かけ目 表目 表目	**寄せ目** ＼ 普通に表目で編んだ目が、減らし目または増し目で自然に傾いた目のこと

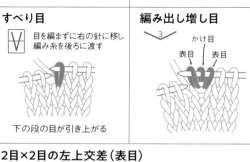
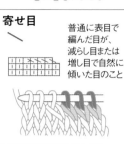

2目×2目の右上交差（表目） 別の針に2目とって手前側におき、次の2目を表目で編む ／ 別の針の目を表目で編む 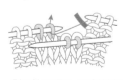	**2目×2目の左上交差（表目）** 別の針に2目とって向こう側におき、次の2目を表目で編む ／ 別の針の目を表目で編む 	**伏せ目** ● 2目編み、2目めに1目めをかぶせる。次からは1目編み、右の目をかぶせる 
2目×1目の右上交差（表目2目と裏目1目の交差） 別の針に2目とって手前側におき、次の1目を裏目で編む ／ 別の針の目を表目で編む 	**2目×1目の左上交差（表目2目と裏目1目の交差）** 別の針に1目とって向こう側におき、次の2目を表目で編む ／ 別の針の目を裏目で編む 	**巻き目** Ｗ
1目×1目の右上交差（ねじり目と裏目） 別の針に1目とって手前側におき、次の1目を裏目で編む ／ 別の針の目をねじり目で編む 	**1目×1目の左上交差（ねじり目と裏目）** 別の針に1目とって向こう側におき、次の1目をねじり目で編む ／ 別の針の目を裏目で編む 	**裏編みの記号の表し方** 裏編みの記号は、記号の上に「─」がつきます 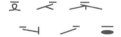

《ミトンの基礎》

別糸の編み込み方（図は6目の場合）

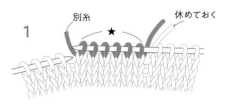
1　別糸　　　　休めておく　★

指定の位置の手前で編んでいた糸を
休め、別糸で指定の目数（★）を編む

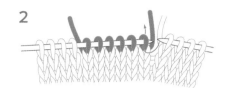
2

別糸で編んだ目を左の針に移し、
別糸の上から続きを編む

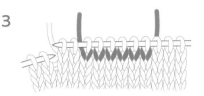
3

続けて編んでいく

親指の編み方

1　2目一度に拾う
こともある

1目（▲）　　　　1目（▲）

編み始め

別糸をほどき、上下から指の
目数を3本の針に分けて拾う。
糸をつけて1段めを編む

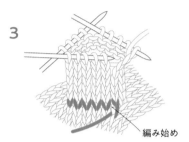
2

▲の部分は左の針で拾い、
右の針で矢印の方向にねじり
ながら、1目拾う

3

編み始め

2段めからは
増減なく輪に編む

※図は針3本に分けて編んでいるが、輪針の場合は1本で拾い、
　目数を半分ずつにしてマジックループで編む

《編み込み模様の編み方》

横に糸を渡す方法

※図は平らに編む場合で解説。
　輪に編む場合は、どの段もすべて表側を見て編むので、工程の1と2で編む

1　配色糸　地糸

配色糸を入れる段は、端の目を編むときに
地糸に配色糸をはさみ込んでおくとよい。
地糸を下にして配色糸で1目編む

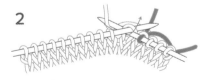
2

配色糸を上にして休ませ、地糸で編む

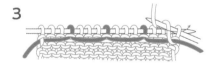
3

編み地の端まで配色糸を渡す

4

次の段の編み始めは、配色糸を端まで渡し、
地糸にはさみ込む

5

配色糸を上にして休ませ、地糸で編む

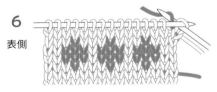
6　表側

糸をゆるめに渡し、編み地が
つれないように注意する

河合真弓 Mayumi Kawai

ニットデザイナー。ヴォーグ編物指導者養成校卒業。ニットデザイナーとびないえいこ氏に師事し、アシスタントを経て独立。ニット本、手作り関係の雑誌、毛糸メーカーなどで作品を発表。著書に『はじめてのアイリッシュ・クロッシェレース モチーフ100』『とじ・はぎなし かんたんかわいいベビーのニット』（日本ヴォーグ社）、『小さなモチーフでやさしくレッスン はじめてのレース編み』（朝日新聞出版）ほか多数。

STAFF
ブックデザイン／堀江京子（netz.inc）
撮影（口絵）／三好宣弘（RELATION）
　　　（プロセス）／中辻 渉
スタイリング／絵内友美
ヘア＆メイク／AKI
モデル／Lilly
トレース／沼本康代　白くま工房
製作協力／石川君枝　遠藤陽子　沖田喜美子　関谷幸子　松本良子
編集協力／善方信子
編集／岡野とよ子（リトルバード）
編集デスク／朝日新聞出版 生活・文化編集部（森 香織）

撮影協力店
・スーパー・ボイス（REAC）　TEL.03-5474-8286
　（p.34のカーディガン）
・BLUE WALL（SETTO）　TEL.086-476-3008
　（p.31のパンツ／p.50、79のワンピース／p.52のシャツ、
　スカート／p.56のコート）
・RAYAN（Marie-Louise）　TEL.03-3871-1855
　（p.32の靴）
・H.UNIT　TEL.086-441-0850
　（p.51のワンピース）
・14 SHOWROOM（0910）　TEL.03-5772-1304
　（p.37、75のタートルネック／p.50のタートルネック）
・アンビデックス（バー リッシィ）　TEL.03-5790-8621
　（p.32のスカート）
・アンビデックス（ビュル デ サボン、レネ ノンフィニート）　TEL.03-3481-4742
　（ビュル デ サボン　p.31のカーディガン／p.37、75のセーター）
　（レネ ノンフィニー　p.54のワンピース）
・アンビデックス（エメルミュウ、シャンブル ドゥ シャーム、
　マル シャンブル ドゥ シャーム）　TEL.03-5790-2790
　（エメルミュウ　p.75のパンツ）
　（シャンブル ドゥ シャーム　p.32のジャケット）
　（マル シャンブル ドゥ シャーム　p.80のサロペットスカート）
・アンビデックス（ドット アンド ストライブス チャイルド ウーマン）　TEL.03-3481-8121
　（p.23のコート）
・アンビデックス（イキ、ノート エ シロンス）　TEL.03-3481-5027
　（イキ　p.80のブラウス）
　（ノート エ シロンス　p.29、77のコート）
・AWABEES

糸、材料提供

ハマナカ株式会社
〒616-8585　京都市右京区花園薮ノ下町2番地の3
FAX.075-463-5159
info@hamanaka.co.jp
http://www.hamanaka.co.jp

チューリップ株式会社
〒733-0002　広島市西区楠木町4-19-8
TEL.082-238-1144
http://www.tulip-japan.co.jp

印刷物のため、作品の色は実物とは多少異なる場合があります。

輪針（わばり）の本（ほん）
輪（わ）に編（あ）む、平（たい）らに編（あ）む ～テクニック＆小物（こもの）～

著　者　河合真弓
編　著　朝日新聞出版
発行者　片桐圭子
発行所　朝日新聞出版
　　　　〒104-8011　東京都中央区築地5-3-2
　　　　☎（03）5541-8996（編集）　（03）5540-7793（販売）
印刷所　図書印刷株式会社

©2021 Mayumi Kawai
Published in Japan by Asahi Shimbun Publications Inc.
ISBN　978-4-02-334045-9